犀の角のようにただ独り歩め

――「スッタニパータ」

民主主義を直感するために

晶文社

装丁　アジール（佐藤直樹＋遠藤幸）

まえがき——民主主義を直感するために

素っ気なく定義するならば、民主主義とは民衆が権力を作る政治体制のことである。もう少し詳しく言えば、権力の源泉が、誰か一人（君主など）でも特定のグループ（貴族など）でもなく、集団のメンバー全員に求められる政治体制のことだ。

現代では民主主義についてあまりにも多くのことが語られているので、「民主主義とは何か？」という問いが様々な答えを受け取っている。それはそれで有意義なことであるが、民主主義が政治体制である以上、この問いへの答えは「権力の源泉」についての判断を免れるわけにはいかないのであって、その意味で右の定義は、民主主義についての考察が常にその出発点とすべき定義だと言わねばならない。

他方で、確かにこの定義は民主主義の本質を指し示しているけれども、民主主義についての考えを深めていくにあたり、この定義だけでは不十分であることは言うまでもない。我々の知るこの社会の中でそのような政治体制が運営された場合には、どのようなことが起こり、どのようなことが必要になり、どのような欠陥が特に目立ち、どのような点が蔑ろにされるのか。そうした具体的な諸要素を頭の中に集積した末に、やっと我々は、民主主義がいかなるものであるかを直感することができる。そしてその中で何を為すべきであるのかについて考え始めることができる。

本書は私が二〇一〇年以降、政治や社会について書いたり語ったりしたことをまとめたものである。収録された文章の文脈はまちまちであり、全体として何ごとかを網羅的に論じているわけではない。同年以降の日本の政治・社会が主たる論述対象となっているが、取り上げられていないトピックはむろん無数に存在する。したがって本書の統一性は極めて脆いものである。にもかかわらずこのような論集の出版に踏み切ったのは、ここで取り上げられている複数の、そしてバラバラの論点が、それでもなお、読者の皆さんの中での民主主義を巡る直感に、ほんのわずかかもしれないが、貢献できるかもしれないと考えたからである。

こうして書いたり語ってきたことを通じて、自分なりに民主主義を直感しようと模索していたのが、私にとっての二〇一〇年以降の数年間であった。正直に言えば、それ以前は民主主義のことを真剣に考える必要性を感じていなかった。もう少し正確に言えば、政治に対してはずっと強い関心を抱いていたけれども、民主主義を自分なりに直感しなければならないと考えたことはほとんどなかった。だが、様々な理由から私は民主主義を直感する必要に迫られた。必要に迫られながら書いたり語ったりしたことがこの中には収められている。だから、もしかしたらそうした素材が他の方々にも役立つかもしれない。これが本書を出版する理由である。

出版にあたり多くの方にお世話になった。再掲載をお許しいただいた各媒体の編集者の方々。対談の再録を快くお引き受けくださった山崎亮さん、村上稔さん、白井聡さん。辺野古での取材にご協力いただいた平田まさよさん、内間ルミさん、浅井大希さん。そして、本書の企画をご提案くださった晶文社の安藤聡さん。心からお礼を申し上げたい。

二〇一五年二月一四日

國分功一郎

民主主義を直感するために　目次

I

パリのデモから

私は学者の端くれであって社会運動家ではないし、研究しているのも哲学であって社会運動史ではないので、デモについて深く広がりのある話をすることはできない。ただ、全くの偶然から、デモが盛んな某国について少々知識を得ることがあったので、そこから考えたことをここに記しておきたいと思う。

デモが盛んな某国とはフランスである。私は二〇〇〇年から二〇〇五年までフランスのパリに留学していた。先に「全くの偶然から」と書いたが、その偶然とは私が住んでいた場所のことである。私はパリの東側にあるナシオン（Nation）という駅のすぐ近くに住んでいた。この駅がデモと何の関係があるかと言うと、この駅の広場がパリで行われるほぼ全てのデモの終着点だったのである。

日曜日、パリだけではないがヨーロッパの街は静かである。やることがない。開いているのは教会と映画館ぐらいである。私もだいたい部屋にこもって本を読んだり、テレビを見るというのが常だった。そんな静かな日曜の午後、時折、「ゴーッ」という音が迫ってくることがある。「なんだ？」と思って窓を開くと広場に厖大な数の人が集まっている。デモである。

パリのデモはだいたいパリの北部を西から東へぐるっと回るように進み、ナシオンにやってくる。だから、ナシオンに住んでいた私は、あの五年間にパリで行われたデモはほぼすべて見ていると思う。

さて、デモが来たなと思うと、だいたい見に行く（日曜日は暇なので）。先頭がナシオン広場に到着しても、後続部はまだまだずっと遠くだ。というわけで、多くの場合、私はデモの流れとは反対に先頭から後ろに向かって歩き、デモの様子を見て回っていた。

パリのデモを見て最初驚いたのは、ほとんどの人が、ただ歩いているだけだということである。横断幕を持ってシュプレヒコールを挙げている熱心な人もたくさんいる。しかし、それは一部である。多くはお喋りをしながら歩いているだけ。しかもデモの日には屋台が出るので、ホットドッグやサンドイッチ、焼き鳥みたいなものなどを食べている人も多い。ゴミはそのまま路上にポイ捨て。

デモが終わると広場で代表者みたいな人が何か演説することもある。それを聞いている人もいれば、聞いていない人もいる。みんななんとなくお喋りをして、ナシオン駅から地下鉄に乗って帰って行く。

さてデモはこれで終わりだが、実は、私のような見物人にとってはまだまだ面白いことが続く。デモが終わったと思うと、デモ行進が行われた大通りの向こうから、何やら緑色の軍団が「グイーン」という音をたてながらこちらに向かってくるのだ。何だあれは！

あれはパリの清掃人の方々、そして清掃車である。彼らは緑色のつなぎを着て、プラスチック製の、これまた緑色の繊維を束ねたホウキ（要するに日本の竹ぼうきをプラスチック製にしたもの）で路上のゴミを集めながらこちらに向かってくる。その後ろをゆっくりと進んでくるのが数台の緑色の清掃車。そのフロント部には二つの大きな回転式たわしのようなものがついていて、それが「グイーン」という音をたてながら、清掃人たちが集めたゴミを次々に吸い込んでいく。

デモの最中、ゴミはポイ捨てなので、デモが行進した後の路上はまさしく革命の後のような趣になる（単にゴミが散らかっているだけだが）。しかし、彼らパリ清掃軍団がやってきて、あっという間に何事もなかったかのように路上はきれいになるのだ。パリ清掃軍団の清掃能力はすごい。彼らは毎夕、街を清掃している。そうして鍛え上げられた清掃能力がデモの後片付けを一瞬にして終えるのである。これはどこか感動的である。

＊

パリのデモがゴミをまき散らしながらズンズン歩くという事実は、デモの本質を考える上で大変重要であると思う。
デモとは demonstration のことであり、これは何かを表明することを意味する。何を表明するのだろうか。もちろん、デモのテーマになっている何事か（戦争に反対している、原発に反対している……）を表明するのであるが、実はそれだけではない。

デモにおいては、普段、市民とか国民とか呼ばれている人たちが、単なる群衆として現れる。統制しようとすればもはや暴力に訴えかけるしかないような大量の人間の集合である。そうやって人間が集まるだけで、そこで掲げられているテーマとは別のメッセージが発せられることになる。それは何かと言えば、「今は体制に従っているけど、いつどうなるか分からないからな。お前ら調子に乗るなよ」というメッセージである。

パリのデモでそれぞれの人間がそんなことを思っているということではない。多くの人はなんとなく集まっているだけである。だが、彼らが集まってそこを行進しているという事実そのものが、そういうメッセージを発せずにはおかないのだ。

デモは、体制が維持している秩序の外部にほんの少しだけ触れてしまっていると言ってもよいだろう。というか、そうした外部があるということをデモはどうしようもなく見せつける。だからこそ、むしろデモの権利が認められているのである。デモの権利とは、体制の側が何とかしてデモなるものを秩序の中に組み込んでおこうと思って神経質になりながら認めている権利である。「デモの権利を認めてやるよ」と言っている体制の顔は少々引きつっていて、実は、脇に汗をかいている。

すこし小難しいことを書いているように思われるかもしれない。しかし、これは単なる私の実感として出てきたものだ。パリのあの群衆を見ていると、「こんなものがよくふだん統制されているな」とある種の感慨を覚えるのだ。「こんなもの」がふだんは学校に行ったり、会社に行ったりしている。それは一種の奇跡であって、奇跡が日常的に行われている。

ここからデモの後のあのゴミについて考えることができる。なぜパリのデモはゴミをまき散らすのか。デモはほんのすこしだが秩序の外に触れている。だから、ゴミをまき散らしながら、日常の風景を書き換えていくのである。あのゴミの一つひとつが、秩序のもろさの証拠である。だからこそ、その証拠はすぐに跡形もなく片付けられるのだ。日常的に奇跡が起こっているという事実は知られてはならないのである。

最近、日本では脱原発をテーマに掲げたデモが社会的関心を集めるようになってきた。自身も積極的にデモに参加している哲学者の柄谷行人が、久野収の言葉を引きながらデモについてこう言っている——民主主義は代表制（議会）だけでは機能しないのであって、デモのような直接行動がなければ死んでしまう（「反原発デモが日本を変える」〈柄谷行人公式ウェブサイト〉より）。

私は柄谷の意見に賛成である。だが、少し違和感もある。なぜならデモは、民主主義のために行われるわけではないからだ。民主主義という制度も含めた秩序の外にデモは触れてしまう。そうした外を見せつけてしまう。だからこそ体制にとって怖いのだ。民衆が路上に出ることで民主主義が実現されるというのは、むしろ体制寄りのイメージではないだろうか。

この点は実はデモをどう組織していくかという実践的な問題に関わっているので、次にその点を考えよう。

＊

日本の脱原発デモについて、何度かこんな話を聞いた。デモに来ている人たちは原発のことを理解していない。彼らは何も分かっていない。お祭り騒ぎがしたいだけだ、と。先に紹介したパリでの経験を踏まえて、私はそういうことを言う人たちに真っ向から反対したい。

デモとは何か。それは、もはや暴力に訴えかけなければ統制できないほどの群衆が街中に出現することである。その出現そのものが「いつまでも従っていると思うなよ」というメッセージである。だから、デモに参加する人が高い意識を持っている必要などない。ホットドッグやサンドイッチを食べながら、お喋りしながら、単に歩けばいい。民主主義をきちんと機能させるとかそんなことも考えなくていい。お祭り騒ぎでいい。友達に誘われたからでいい。そうやってなんとなく集まって人が歩いているのがデモである。

もちろんなんとなくと言っても、デモに集まる人間に何らの共通点もないわけではない。心から原発推進を信じている人間が脱原発デモに参加したりはしない。彼らは生理的な嫌悪感を持つはずである。逆に言えば、脱原発という主張に、なんとなくであれ「いいな」と思う人間が集まるのが脱原発デモだろう。

　デモのテーマになっている事柄に参加者は深い理解を持たねばならないなどと主張する人はデモの本質を見誤っている。もちろん、デモにはテーマがあるから当然メッセージをもっている（戦争反対、脱原発……）。しかし、デモの本質はむしろ、その存在がメッセージになるという事実、いわば、そのメタ・メッセージ（「いつまでも従っていると思うなよ」）にこそある。このメタ・メッセージを突きつけることこそが重要なのだ。

　フランス人はよく日本のストライキをみて驚く。「なんで日本人はストライキの時も働いているの？」と言われたことがある。何を言っているのかというと、（最近ではこれはあまり見かけないけれど……）ハチマキをしめて皆で集会をしながらシュプレヒコールを挙げている、あの姿のことを言っているのである。ストライキというのは働かないことなのだから、家でビールでも飲みながらダラダラしているのがストライキというのがフランス人の発想である。私はこの発想が好きだ。

　デモも同じである。デモにおいて「働く」必要はない。高い意識を持ってシュプレヒコールを挙げたり、横断幕を用意したりしなくていい。団子でも食いながら喋っていればいい。ただ歩いていればいい。なぜなら、単に群衆が現れることこそが重要だからだ。

　すると、ここでおなじみの問題に突き当たらざるを得ない。なぜ日本ではデモに人が集まらないのかという問題である。もちろん脱原発デモには多くの人が参加した。だが、日常的

郵　便　は　が　き

恐れ入ります
すが、52円
切手をお貼
りください

101-0051

東京都千代田区
神田神保町1-11

晶文社行

◇購入申込書◇

ご注文がある場合にのみ
ご記入下さい。

■お近くの書店にご注文下さい。
■お近くに書店がない場合は、この申込書にて
直接小社へお申込み下さい。
送料は代金引き換えで、1500円(税込)以上の
お買い上げで一回210円になります。
宅配ですので、電話番号は必ずご記入下さい。
※1500円(税込)以下の場合は、送料300円
(税込)がかかります。

(書名)　¥　(　)部

(書名)　¥　(　)部

(書名)　¥　(　)部

ご氏名　㊞　TEL.

ご住所 〒

晶文社　愛読者カード

お名前《ふりがな》　　　　　　　　（　　　歳）　ご職業

ご住所　　　　　　　　　　　　　〒

Eメールアドレス

お買上げの本の
書　　　　名

本書に関するご感想、今後の小社出版物についてのご希望などお聞かせください。

ホームページなどでご紹介させていただく場合があります。(諾・否)

お求めの書店名		ご購読新聞名	

お求めの動機	広告を見て（新聞・雑誌名）	書評を見て（新聞・雑誌名）	書店で実物を見て / 晶文社ホームページ〃	その他

ご購読、およびアンケートのご協力ありがとうございます。今後の参考にさせていただきます。

に大規模デモが行われているフランスと比べるとその違いは著しいように思われる。私はこの問いに最終的な答えを出すことはできない。だが、ヒントになる考えを一つ紹介したいと思う。

＊

格差社会・非正規雇用増加・世代間格差……現代日本の若者を取り巻く状況は非常に厳しいと言われている。それにもかかわらず、彼らの生活満足度や幸福度を調査すると、この四〇年間でほぼ最高の数値が現れる。つまり今の若者たちは自分たちのことを「幸せだ」と感じている——このような驚きの事実を、豊富な文献と実に鋭い分析、そして小気味よい文体をもって論じたのが、昨年（二〇一一年）話題になった古市憲寿の『絶望の国の幸福な若者たち』（講談社）である。

古市はこうした若者の状態をコンサマトリーという言葉で形容した。コンサマトリーとは自己充足的という意味である。せっかくだからすこし学術的に説明しよう。コンサマトリーはタルコット・パーソンズという社会学者が用いた概念であり、インストゥルメンタルという言葉と対になっている。

インストゥルメンタルはある物事をツールとして用いて、何らかの目的を目指す状態を指す。たとえばツイッターを情報交換や情報収集のツールとして用いるなら、その人はツイッターとインストゥルメンタルに関わっていることになる。

それに対しコンサマトリーとは、ある物事それ自体を楽しむことを意味する。同じくツイッターの例でいけば、ツイッターで情報交換すること、投稿することそれ自体を楽しんでいるのなら、その人はコンサマトリーにツイッターと関わっていることになる。

かつて若者は、輝かしい未来を目指して、今の苦しさに耐えることが求められた。これは「今」というものにインストゥルメンタルに関わることを意味するだろう。ならば古市が指摘するコンサマトリーな若者たちは、「今」を手段とみなさず、それを楽しんでいるのだと言うことができる。

実は若者のコンサマトリー化はかなり以前から指摘されていたらしい（筑紫哲也は八〇年代初頭に当時の若者を指して「半径二メートルだけの視野」「身のまわり主義」などと言っていたそうである）。そして当然、それを指摘する人々はそのような若者のあり方を嘆いていた。

それに対し古市は、こうしたコンサマトリーな生き方はそれでいいではないかと言う。私もそう思う。人に、「今」を手段として生きることを強いるなどというのは恐ろしい傲慢である。実際、経済発展という目的に向かいながら、人が自分の生にインストゥルメンタルにしか関われないような社会を、日本はある時から反省してきたのではなかっただろうか。今の若者のコンサマトリーな生き方にはむしろ、見るべき点が多いとすら言うべきではないか。

＊

しかし、もちろんこれを言うだけでは不十分である。これでは単に現状肯定しているように受け止められてしまうだろう。だが、この点についても『絶望の国の幸福な若者たち』はヒントを与えてくれる。それがモラル・エコノミーという概念だ。

これは民衆史の研究から出てきた概念である。それによれば民衆は「モラル・エコノミー」と呼ばれる独自のルールを持っている。民衆が立ち上がるのは、その独自のルールが侵された時が多いのだと言う。たとえば江戸時代の「打ち壊し」、大正期の「米騒動」がその典型例である。どちらも買い占めなどによる米価の値上げが彼らの独自のルールを侵したために起こった。

世界のどこか遠くで起こった不幸な出来事について突然語られても、人は驚くか、その場で悲しんで終わりになってしまうかもしれない。しかし、自分たちの日常に関わるとなれば、コンサマトリーな若者でも動き出す可能性があると古市は言う。

たとえば、多くのひとはいきなり「中国の工場における農民工搾取問題」と言われても何の関心ももたないだろう。けれど、iＰｈｏｎｅユーザーに対して「あなたが持っているiＰｈｏｎｅを製造した工場で労働者の連続自殺が問題になっている」という情報の提示の仕方だったらどうか。さらに、そのiＰｈｏｎｅユーザーの年齢にあわせて、「昨日死んだのは、あなたと同じ年齢の一九歳の若者でした」という情報が、写真付きで届けられたらどうか。「ちょっとくらいは別の国の、出会ったこともない労働者のことを想像するかも知れない」。

人々を立ち上がらせるのはモラル・エコノミーの侵害だけではないだろうが、しかし、これは大切な回路である。そしてもう一つ大切なのは、最後の最後にならなければ自分のモラル・エコノミーの侵害に気がつかないという事態も多く存在するということである。

身近なところと遠いところ、少し難しく言えば、コンサマトリーな親密圏と問題が起きている公共圏とを繋ぐ何かが必要である。その何かは様々なものであり得る。原発事故であれだけの人が立ち上がったことを考えると、意外にちょっとした工夫で事態は大きく動くのではないかという気もしている。

『熱風』二〇一二年二号

党内運営の諸問題

今回（二〇一三年）の参議院選挙については当然、様々な議論がなされるべきだが、一つの切り口として、党内運営の問題を挙げることができるだろう。党の指導部が広い意味での経営者として党内組織をまとめ上げることができたか否かが、選挙の結果に大きく作用した。

政党というのは作りたい人が作るものであるから、うまくいかないなら勝手につぶれればよい。しかし、今回の選挙結果から見えてきたのは、もはや、現存する各政党の命運や存続を超えた、日本の政治環境そのものの問題である。然るべき政党がすくい上げるべき票をすくい上げる――そうした当たり前のことが全くなされないという深刻な事態がいま日本の政治環境の中に広がりつつあるように思われる。

党内運営の問題といえば、何よりもまず民主党の名前を挙げねばならない。民主党の党内運営がうまくいっていないことはもう誰の目にも明らかだった。党本部の方針で鈴木寛氏に候補が一本化されたものの、それに反発した大河原まさこ氏が単独で立候補し、元首相の菅直人氏が後者を応援するというドタバタ劇に陥った東京選挙区はその象徴であろう。

民主党はいわば「学級崩壊」の状態にある。学級崩壊とは、教師に強い権威がないから起こるのではない。学級崩壊は、教師が生徒の一人ひとりに目を配ることができなくなった時に起こる。だから、学級崩壊が起こった時にこそ、教師は権威的になる。他に頼るものがないからである。

民主党もそうだった。候補者一人ひとりに目を配ることができなくなって党内の秩序が乱れたとき、党幹部は、「鈴木寛氏に候補を一本化することにしたので、あなたは候補者ではなくなりました」と電話一本で権威的に大河原氏に告げたのである。

選挙後、民主党本部は、非公認議員を応援し党を混乱させたという理由で菅氏に離党勧告を出した。混乱ここに極まれりといったところであり、先は全く見えない。

その点、自民党の党内運営が実にうまくいっていたことは注目されねばならない。実は自民党は、「圧勝」と報じられてはいるものの、思ったほどには勝っていない。いまのアベノミクス人気を考えれば単独過半数を想像していた人も多かっただろう。しかし、そうはならなかった。確かに大勝ではあるが、圧倒的な勝利ではない。

選挙後の朝日新聞の調査では、自民大勝の理由として「野党に魅力がなかった」を挙げる人が六六パーセント。「自民が評価された」を挙げる人はわずか一七パーセントに留まった（朝日新聞二〇一三年七月二四日付朝刊四面）。この評価はかなり実感を持てるものではないだろうか。確かにアベノミクスはここまで来た以上は継続し、それなりの成果をあげて欲しいが、本当にうまくいくかどうかは分からないし、消費税増税も控えている。原発再稼働や憲法改正などもどうも全面的には賛成できないのだけれども、とはいえ、他にどこかいい党があるかというと……というのが実情ではないか。

たとえば東京選挙区では、丸川珠代氏と武見敬三氏の二人が自民党の候補として立候補したが、丸川氏こそトップ当選したものの、武見氏は最下位でギリギリに滑り込んでいる。しかも今回話題になった山本太郎氏よりも得票数が少ない。自民党候補だから勝てるような選挙ではなかった。つまり、自民党に疑問を持っているひとは少なからずいた。

自民党というのは実は内部に多くの対立を抱えた政党である。かつては農村部を地盤にしていた政党だから、当然、ＴＰＰについても異論は多い。現在注目されている人気の若手議員は「憲法改正より被災地復興だ」とはっきり口にしている。原発再稼働に向けて突き進まねばならないと確信している議員は多数派ではない。自民党は脱原発派の有力な論客も抱えている。

つまり自民党はこれだけの対立をまとめ上げつつ政権を運営して選挙を戦った。これはたんに安倍首相の人気によるものではない。この大勝は楽勝ではなかったはずである。おそらくは政権を担当した長いあいだに培われた数々のメソッドが自民党には存在しているのだろう。自民党は、党内の意見をうまくまとめつつ、楽勝ではなかった選挙を大勝に導いた。自民党に対抗する勢力は、自民党の政策を見習ってはならないが、自民党の党内運営能力は参考にすべきである。自民党並に多様な意見をまとめ上げつつ、自民党並の党内運営を行う、そのようなメソッドを獲得しなければならない。当然、数年前はそれは民主党に求められていた。しかし、鳩山氏、菅氏と、他人の話を全く聞かない人たちが続いて代表となった。それで党内運営がうまくいくはずがない。

これは民主党をどうするかという問題ではない。民主党そのものはどうでもよい。だが、自民党に対抗しうる程度の大きさの政党が出てこなければならない。別に二大政党制を支持するということでもない。ある程度の大きさの党が連立を組めばよい。自民党が巨大化し、それに対抗する政党が出てこないならば、結局は形を変えた五五年体制が再び訪れることになりかねない。そのためには、自民党のそれに匹敵する党内運営能力が必要である。

無所属の山本太郎氏と共産党の吉良よし子氏が、おそらくは若い世代の脱原発派の声を受けて当選したという事実は、この課題を緊急のものとしている。次にこの二人の当選について考えよう。

国会議員になったのだから、山本太郎氏には頑張って欲しい。確かに俳優出身で知名度があったとはいえ、無所属でこれだけの票を集め、自民党候補すら押しのけて当選したことの意義は大きい。山本氏は支持者に、「やってやれないことはない」という気持ちを与えた。

しかし、実際に彼に何ができるかと考えると答えるのはなかなか難しい。彼は数々の政党が跋扈する国会でたった一人である。したがって、そのことに業を煮やした山本氏がどこかの会派に合流することもありうるだろう。

この意味では、なぜ、山本太郎氏を応援したいと思う若い世代の声をきちんと拾い上げる政党がなかったのかと問う必要があるだろう。つまり、多少考えが違うところはあっても、山本太郎氏本人も応援できるような政党がなければならなかった。しかしそうした政党はなかった。山本氏は一人で立候補しなければならなかった。そしてその支持者にも、山本氏以外には投票したいと思える選択肢はなかった。

たとえば、社民党が虫の息になっている。かつての社会党時代を知らない若い層にはおそらく、「弱小なのになぜか立派な政党とみなされている政党」ぐらいのイメージしかないだろう。だが、雇用やTPP、そして原発についての社民党の主張を知ったら、それなりに共感する若者は少なくないと思われる。それこそ、山本太郎氏を応援した人たちの中にも、社民党の主張に共感する人はかなりの数いるだろう。

しかし、社民党にはその主張を若者に届ける力も、若者の声を聞いて自分たちの主張を練り上げていく力もない。この党も党内運営が全くなっていないからである。社民党の場合は、

「学級崩壊」状態の民主党とは事情が異なる。社民党は、いつまでたっても経営に口を出してくる老齢の取締役たちをどうにもできない会社のようなものである。

社民党の組織内部には、未だに五五年体制下の野党時代が続いていると思っている人がいるようだ。先日、あるラジオ番組に社民党の人物が登場した際の話である。「雇用を守ることが大切」と主張したその人物に、パーソナリティーが「雇用はどうやって作ればよいでしょう?」と質問したところ、「うーん」と黙り込んでしまったという。

ウソでもハッタリでもいいから一言何か言えばいい。それすらできない。そうしたことすら口にする必要のない時代を生きてきたし、生きていると思っているからだ。つまり社民党の、少なくとも一部は、批判していればよく、提案などする必要のなかった五五年体制下の野党時代の夢の中をまだ生きているのだ。社民党の党内運営の課題は、そうした古い世代に対し、波風立てぬようにうまく引導を渡すことだ。その上で、若い世代に自分たちの主張を明確に伝えていくしかない。


今回、もしかしたら誰も注目していなかったかもしれないが、みどりの風もまたほとんど虫の息となった。谷岡郁子代表は代表辞任と政界引退を表明した。谷岡氏も民主党にいた。脱原発派の中にはたとえば谷岡氏のような人物が、民主党程度の大きさの政党にいることを歓迎する人もいるはずである。どうして、民主党は谷岡氏を引きとめられなかったのか。

またみどりの風のもう一人の中心人物、阿部知子氏は社民党の出身である。阿部氏は社民党に現実路線の採用をずっと訴えていたという。なぜ社民党は阿部氏を引きとめられなかったのか。阿部氏を引きとめられなかった社民党の現状は先ほど説明した通りだ。

コアな脱原発派はみどりの風を応援していたと思われるが、そのみどりの風は消えそうになっている。そうした脱原発派の声も、ある程度の規模の政党がきちんと汲み上げてしかるべきだった。だが、そのような政党は現れなかった。既存の政党が頼りにならないので、新しい受け皿を作ろうという気持ちで始められた会派も存亡の危機に陥っている。どれも党内運営の問題である。

以上の文脈から眺めた時、吉良よし子氏の当選は非常に興味深い。共産党は、強力な縦型組織に基づく党内運営を、何十年にもわたって維持し、また維持し続けている政党である（その組織論は「民主集中制」と呼ばれる）。つまり、今回の参議院選挙における共産党の躍進とは、非自民の政党の多くが党内運営でつぶれていく脇で起こった、従来通りの強固な党内運営を続ける政党の躍進なのだ。

吉良よし子氏を応援した層には、若い層が多かった。おそらくその中には、共産党がどういう政党で、これまでどういう目で眺められてきたのかなど全く知らない人も多いだろう。そういう人たちの支持を得られたことは、共産党が変わっていくチャンスである。たとえばフランス共産党は、一時期、党内情報の公開を熱心に行い、党の改革をアピールしていた。もし日本共産党が若い人たちの支持をそのまま集めていきたいのならば、改革は必須である。そうでなければ、共産党を支持した若い人たちは早晩、この党の強力な縦型体制の現実を知り、失望するだろう。

実際、吉良氏を支持した若者は共産党を支持したのではなく、吉良氏を支持したのである。もちろん、その際、そのような候補をこのタイミングで用意できた共産党の党内運営の腕は相当なものだと言わねばならない。だが、共産党の強力な縦型組織とその体質は、これまで信念をもって党を支えてきた伝統的な支持者たちには耐えられても、新しい支持者には受け入れられないだろう。その意味で、共産党が変わるか、吉良氏を支持した声をどこかが集約するか、そのどちらかが必要になる。

その他の政党についても簡単に見ておこう。公明党とみんなの党は安定した戦いで安定した結果を得た。どちらも党内運営が安定している。とくにみんなの党は、橋下徹氏の「従軍慰安婦は必要だった」発言を受けて、選挙協力を早々に解消した。これは渡辺喜美氏のすぐれた判断であった。みんなの党の党内事情が特に伝わってこないということは、党内がそれなりにまとまっているということなのだろう。切るべきところは切るという判断は党内をまとめるのに役だったはずである。

ただみんなの党は、今の規模だからうまく党内を取りまとめることができていると考えることもできるだろう。みんなの党は、新自由主義派で脱原発派という、今の日本では独特の路線である（ただ、脱原発派で、いわゆる新自由主義には反対の立場の私から見ても、こういう路線はもっとあってもいいはずだとは思う）。規模を大きくするためには多少の路線変更は必要かも知れず、またその際には高い党内運営能力が求められることになるだろう。その際には、切るべきところは切るだけでは運営はできないはずである。

それに対し、「グローバル化に対応しなければならない」という趣旨のことを普段から述べながらも、自らの発言が瞬時に地球の裏側まで届いてしまうというグローバル化時代の基本的な条件すら分かっていなかった人物を頭に据えていた維新の党は、ネットスラングで言うところの完全な「オワコン」状態になってしまった。維新の党内運営の問題はここのところずっと報じられていた。維新政治塾に入っていた人たちはこれからどうするのだろうか。家族を路頭に迷わせた人もいると聞くが、もちろん、彼らの大好きな「自己責任」でなんとかしてもらいたい。

最後に結論めいたことを書いておきたい。

何十年もの政権担当で与党慣れしている自民党と、何十年も強力な縦型組織を維持する共産党。これら日本の最古参政党はある意味で似ている。これまでに培ってきた、あるいは打ち立ててきた党内運営の手法に基づいて、一方は「圧勝」し、他方は「躍進」した。単に議席数だけでなく、注目度も含めて考えれば、今回の選挙は、従来通りの党内運営を行えたこれらの政党の勝利であった。

現在の政権に対して戦いを挑むのであれば、こうした古い政党の党内運営能力に匹敵するものを身につけねばならない。それは自民党的なもの、共産党的なものを受け入れるということではない。新しい政党マネージメントのメソッドを創り出すということだ。

もちろんそれは相当に困難であろう。しかし、それができない限り、「自民がイイというわけではないけれど……」という人が自民に投票し、「自民はイヤなんだ」という人が無力な無所属議員や新人議員に投票する事態は続くだろう。

「ハフィントンポスト」二〇一三年七月二四日

いまメディアに求めるもの――忖度との戦い

言論の自由は民主主義社会の基礎である。だから言論の自由が妨げられることがあってはならない。では、言論の自由が妨げられるとはいかなる事態を指しているだろうか？

多くの人は検閲など、支配層が権力を行使して反対勢力の言論を抑圧する事態、いわゆる言論弾圧を思い起こすであろう。確かにそうしたことはしばしば起こる。

しかし、上からの抑圧に対して人は敏感である。あからさまな弾圧は反発を生む。だから、よっぽどのことがなければ支配層は上からの抑圧には踏み出さない。

すると、言論の自由が妨げられつつあると感じられる時、支配層による上からの抑圧としてそれを説明してしまうのでは、事態を矮小化する恐れがあることになる。言論の自由を妨げつつあるものが何なのか、それを見誤る可能性があるのだ。

最近、さいたま市内の公民館が発行する「公民館だより」が、「梅雨空に『九条守れ』の女性デモ」という俳句の掲載を拒否した事件があった。「公民館だより」はそれまで、毎号、俳句サークルに小さなスペースを提供しており、そこに会員互選で選ばれた一句を掲載していた。

国分寺市の「国分寺祭り」では、毎年参加してきた「国分寺9条の会」というグループが参加を拒否される事件もあった。

私の友人の学者は、ある公民館で人権についての講演を頼まれた際、「集団的自衛権についての話はしないで欲しい」と頼まれたという。

特定の話題に触れることを忌避するこうした動きは、「この話題については話をしない方がいいのだ」という雰囲気の醸成に貢献しており、言論の自由を妨げることにつながるものである。

だが、ここで注意しなければならないのは、これらいずれの事件も、支配層による上からの抑圧によって起こったわけではないということである。別に各団体にどこかから圧力がかかったわけではない。

ではこれらの事件を引き起こしているものとは何か？　それは関係者・担当者の心に抱かれた「この話題に触れるとどこかから文句を言われるのではないか」という過度の忖度に他ならない。つまり、自分たちで進んで自分たちの言論の自由を妨げようとする動きが始まっているのである。

フランスの哲学者ミシェル・フーコーは、権力とは〈上から〉作用する抑圧ではなく、人間同士の関係として〈下から〉発生し、その関係を支配する力なのだと述べた。[*] 私はいま、フーコーが言っていたことがそっくりそのまま当てはまる事件が日本で頻発していることに非常に驚いている。社会の隅々で、「この話題には触れない方がよい」という雰囲気が自発的に作り上げられつつあるからだ。

ではどうすればよいのだろうか？　言論活動を本分とする者や機関が、忖度の圧力に屈しないよう、誓いを新たにすることである。フーコーの言うように権力が〈上から〉ではなくて〈下から〉作用するものだとしたら、忖度との戦いは、言論の自由を守る戦いの最前線である。新聞をはじめとする報道機関の方々に、再度、この誓いを新たにすることをお願いしたい。

『坂本龍一×東京新聞　脱原発とメディアを考える』東京新聞出版局、二〇一四年一一月

＊　たとえば、全体主義国家で日常的に行われる恐るべき密告にしても、それは単に上からの抑圧ゆえに行われるのではない。当局と秘密のつながりを持ち、そこからこっそりと感謝されることでもたらされる優越感や満足感、そうしたものが人を密告に駆り立てる。支配層はそうした〈下から〉発生する権力を最大限に利用する。

亡命はなぜ難しいのか？

この夏以来、ずっと亡命のことを考えている。

きっかけは実に他愛ないことだった。夏休みに旅行先のコンビニで偶然、手塚治虫の漫画『アドルフに告ぐ』を買い、これを読んだのである。

この漫画は、第二次大戦を挟む数十年を生きた三人のアドルフを巡る物語である。その一人、アドルフ・カウフマンは日本人とドイツ人のハーフで日本生まれだが、父親の希望によりヒットラー・ユーゲントを養成するドイツの学校に送られてしまう。ハーフであることに多少の劣等感をもっていた彼は、誰よりも努力して優秀な成績を収める。また、当時彼らに任されていたユダヤ人狩りの仕事にも熱心に取り組む。

ところがある日、アドルフは美しいユダヤ人の少女、エリザに出会う。夜も眠れないほどの激しい恋心を抱いたアドルフは、彼女には生き延びて欲しいと考え、命がけで、エリザとその家族を国外逃亡させる計画を練る。彼女たちが住む地区で、まもなくユダヤ人の一斉摘発が行われることをアドルフは知っていたからである。

アドルフはエリザとその家族に計画を伝える。ところが、エリザの父親はこの計画に真面目に取り合わない。彼は、ユダヤ人狩りがあっても自分たちは大丈夫だと考えているのだ。

「わが、ゲルトハイマー商会はゲーリングにも要請され、たびたび政府の事業に協力してきた。あのオリンピックの諸施設もそうだ！　ナチス政府はうちの会社を必要としているんだ」

「何度もユダヤ人狩りはありましたがね、うちはある理由があって常に除外されとるんです。今度も同じですよ」

アドルフは当然そんな言いぐさには納得できない。彼は次の一斉摘発が徹底的なものであることを予感していた。仕方なく彼は強硬手段に出る。銃で脅し、用意したトラックに彼らを無理矢理に乗せたのである。スイスを経由して日本に渡らせる。そして神戸にいる友人のアドルフ・カミルのもとに届けるというのが彼の計画した亡命プランであった。

家族はこの計画に対して半信半疑である。母親も言う。

「銀行預金も不動産も全部うっちゃったまま逃げるつもりかしら」

ナチスから酷いはずかしめを受けたエリザ自身は、この町にはもう留まりたくないと亡命に前向きになっていたが、そのエリザに対して母親はこう言うのである。

「これは父さんが正しいわよ。第一、着のみ着のままで亡命だなんてふざけてるわ」

しかし彼らはトラックに乗り込んだ。アドルフはエリザに言う。

「好きだ、エリザ。いつか……きっと日本で会おう」

数日後、ユダヤ人の一斉摘発が行われる。アドルフは教官から、エリザたち家族を家から追い出すように命じられる。「どうせもう空き家だ」と言って扉を開けるアドルフ。ところが、何ということであろう、扉を開けるとそこにはエリザの家族がいた。

「あッ!!　なぜ舞い戻って来た!?　なぜなんだーッ」

――そう叫んだアドルフにエリザの父は答える。

「いや、なに……残してきた金をスイスの銀行口座に移そうと思ってな……ちょっと戻ったんだよ、君」

その後はアドルフが予想していた通りであった。エリザの父親はナチスの隊長にゲーリングからの手紙を見せて、今回も見逃してくれと願い出るが、隊長はそんな訴えには見向きもしない。家族は収容所送りになる。ただ、アドルフには希望が残された。エリザだけはこの街に戻ることを拒否し、スイスに留まっていたのである。彼女は後に一人で日本に亡命することになる……。

＊

ここには、亡命という行為の難しさがこの上ないリアリティをもって描かれている。最終的な破局が起こってからでは亡命することはできない。最終的な破局の後では、人は殺されたり、あるいは難民になったりする。つまり亡命するためには、まだ最終的な破局は起きておらず、日常生活が続いている段階で、危機の訪れを予期し、それを実感をもって感じ取り、その実感をもとにして極めて複雑な手続きと準備を滞りなくすませなければならない。

最終的な破局は起きておらず、日常生活は続いている。それにもかかわらず、それまでの生活を投げ捨てるという緊急的な行為に出なければならない。これこそが亡命の最大の困難である。自分がこれまで作り上げてきた生活を投げ捨てたいなどと願う人間は稀である。破局が訪れたならば、仕方なくその選択肢を受け入れることもできるかもしれない。しかし、破局はまだ訪れていないのだ。確かに日常は少しずつおかしくなっている。だが、明日や明後日に破局が訪れるとは思えない。いや、一週間後にそれが訪れるとも、一ヵ月後に訪れるとも思えない……。

ならば、誰もがエリザの父親のように考えるだろう。今度も大丈夫さ……。今までも大丈夫だったんだから……。

いや、もしかしたら、事態はもう少し複雑かもしれない。少しずつおかしくなる日常の中で、人はおそらく危機の訪れを感じ取る。人の直感というのはなかなかすぐれたものだ。もしかしたら、エリザの父親も、「何かおかしい」と、「もしかしたら何かをしなければならないのではないか」と、感じていたかもしれない。

だが、この感覚を素直に認めることは非常に難しい。なぜといって、日常がおかしくなっていくのは次第次第にであるし、それに、もし自分のこの実感を認めてしまったならば、何かそれまでの日常を改めなければならなくなるからだ。たとえばエリザの父親の場合であれば、苦労して作り上げたのであろうゲルトハイマー商会を捨て去らねばならなくなる。

だから、人は何となく社会がおかしいと感じても、それをなかなか認めようとはしない。そうして自分に嘘をつく。それは別に非難されるべきことではない。少しずつしかおかしくならない社会の中で、最終的な破局が起きていないにもかかわらず破局を想像することなど困難に決まっている。日常生活の中でそれを想像するためには、かなりの知力と知識がいる。

＊

こんな話をしたのは、確実に何かが次第におかしくなってきているが、日常は続いているというこの状態がまさしく今の日本に当てはまると思われたからである。私はいま、日本が少しずつおかしくなってきていると感じている。現在の政府は、この一年あまり、歴代の日本政府であれば「さすがにそこまでやるのはマズイ」と判断して自制したであろう政策や法案を次々と実現させている。しかも、マスメディアに圧力をかけ、広告代理店の知識を使って世論を導き、政府批判が忌避される雰囲気を作り出している。

富んだ者たちを優遇する経済政策が採用され、貧しく弱い立場にいる人たちが公共の給付を受けることに社会は理解を示さない。外国の軍事基地を国内に建設しないで欲しいという願いが選挙で示されても政府はこれを無視し、むしろ、その外国の軍隊に自国の軍事力を利用してもらうための準備を着々と進めている。

そんな中で突然、不意打ちの解散総選挙が行われることになった。与党は、策を弄して作り上げた見栄えのいい数字を使い、経済政策だけを訴えている。

おそらく日本国民はエリザの父親のように考えるだろう。それは当然である。社会は少しずつしかおかしくならない。日常生活は一変しない。だから、明日や明後日に破局が訪れるとは思えない。一週間後にそれが訪れるとも、一ヵ月後に訪れるとも思えない。危機や破局というのはそういうものである。

しかも今回の選挙は、危機や破局に対する人間の感性のそうした特徴を最大限に利用する形で企画されている。年末の忙しい時期に、不意打ちで解散が行われ、争点もはっきりしない。争点がはっきりしないから、関心は高まらない。ならば人はボンヤリと感じた危機感になど向き合おうとするはずがない。なお、与党二党は、関心が高まらない選挙、すなわち、低投票率の選挙であればあるほど有利と言われている。

投票する権利を与えられた者たちの意見を、議員選出という形で集約して政治の場に届けるのが、現在の我々の社会で採用されている政治の原理原則である。だが、その原理原則の実現を与党が望んでいるとは思えない。むしろそれが実現されないことを望んでいるかのようである。そもそも、事前通達も無しに、突然予定を変更し、自分達の都合で選挙を行うなど、許されることなのだろうか？　有権者には、考える時間も想像する時間もほとんど与えられていない。

とはいえ幸いなことに、我々はまだこの原理原則を実現するための正式な手段を奪われていない。この手段すらもいつ利用できなくなるか分からないが、未だそれは我々の手元にある。その手段とは、言うまでもなく、投票の権利である。この原理原則を実現するためには、投票するしかない。

投票日までに、今の社会で起こっていることを基準に想像力を働かせてみることは可能だろうか？　我々は未だ奪われていないこの手段を有効活用することができるだろうか？　時間はない。しかし、それが試みられねばならない。そしてこれを試みるにあたり、エリザの家族が辿った運命は多くのことを教えてくれるはずである。

「ポリタス」【総選挙２０１４】二〇一四年一二月九日

権力のダイエット

編集部から、日本の政治状況を踏まえて、「いま私たちにできることは何か、何をなすべきか」をテーマにメッセージを寄せて欲しいとの依頼をいただきました。私の答えは明確です。いま私たちにできるし、なさねばならないこと、それは勉強です。

現在の日本政府は、歴代政府であれば「これはさすがにまずいだろう」と判断したであろう政策や法案を次々に実現しています。たとえば、大した審議もせずに特定秘密保護法を可決しました。武器輸出三原則もいつの間にか廃止。長きにわたって議論されてきた憲法改正については、閣議決定による解釈変更という前代未聞の挙に出ました。そこに一貫しているのは、民主主義的な手続きを軽視する態度です。現政権は、「権限さえ獲得してしまえばいい、あとは自分たちで決める」という発想で物事を進めています。

すると、有権者の方が根本的な問いを突きつけられていることになるでしょう。「なぜ私たちは民主主義を採用しているのか？」という問いです。いま私たちは、民主主義の採用を当然視できない時代に生きています。ならば、この問いに答えなければなりません。

私の考えはこうです。政府や行政の権限は、放っておくと必ず肥大化します。そして、肥大化すると国家にとってよくないことを始めます。たとえば、失敗を隠すのが最もよくあるパターンです。失敗が隠され、それがもたらす弊害は正されることなく累積していく。

民主主義の役割の一つは、政府や行政を公開性の原則によって監視し、その肥大化を防ぎ、健全な統治行為を導くことにあります。私はこれを権力のダイエットと呼んでいます。放っておくと必ず肥大化する権力を民主主義的な手続きで随時、減量させるのです。

これは一つの答えに過ぎません。ともあれ、「なぜ民主主義か？」という問いに確信をもって答えられなければ、どれだけ現状を批判しても政治的な力は生まれません。そして、確信を得るためには、勉強するしかありません。私も勉強しています。勉強の成果を多くの方に共有していただくための本も書いています。皆さん、一緒に勉強していきましょう。

『いつでも元気』二〇一五年四月号

なぜ考えることが必要か

Q1. 政治について「考える」ことは、なぜ必要なのでしょうか。それによって私たちになにがもたらされるでしょうか?

とてもよい質問だと思います。こういう基本的なことを人に尋ねるのを恥じてはいけません。分からないことを分からないままにしておく方が恥ずかしいし、そういう基本的な疑問がボンヤリとだが抱かれるということは、その疑問に対する答えが実は自明ではないことを意味しているからです。言い換えれば、もしあなたがボンヤリとした疑問を抱いたのなら、他にもたくさん同じ疑問を抱いている人がいるということなのです。

この質問がまさしくそうです。どうして政治について考えることが必要なのか? こういう質問が出てくるのは、少なからぬ人たちが「政治について考えることは必要です」と教わったり、場合によっては、そう思うことを強制されてきているからだと思います。つまり、社会の中では、なんとなく「政治について考えることが必要」というのが前提になっている。だから、自分も「そうなんだろうなぁ」と思っている。でも、誰もその理由を説明してくれない。なのに、どうも前提らしい……。こういう場合には、もちろん、誰かにきちんと質問してみるべきです。

僕はこう考えています。

人がものを考えるのはどういう時でしょうか。それは何かいつもと違うことが起こった時、あるいは何か違和感を覚えた時だと思います。毎日会っている人が、会った時にいつも通りの挨拶をしてくれたのなら、人はニコっとしてそれに応答するだけです。でも、その人がいつもと違う反応をしたらどうでしょうか？「何が起こったのだろう？」と考えます。

人は日常の中でそうした些細な考え事を繰り返しています。日常が全く同じことの繰り返しになることなどありえませんし、何もかもが自分にぴったりときて、一寸たりとも違和感を覚えることがないというのもありえないからです。だから、細かく見ると、人は日常の様々な場面で考えています。

ただ、自分の普段の生活を考えてみると、確かに違和感を感じているのに、それについて考えるのをなぜか避けてしまうということがありませんか？あるいは、自分がなんとなく感じたことを人に言いたいのに、それを言うと鬱陶しがられそうで、話しできないということがありませんか？

ボンヤリとした圧力によって話すことを封じられている、そうした話題が、世の中にはたくさんあります。おそらく、政治の話題はその一つです。僕が政治関連の講演会をやると、よく若い女性から「こういう話を周囲としてみたいのだが、どうもできない」という相談を受けます。そういう話をするとなんとなく鬱陶しがられるようです。

ボンヤリとした圧力を受け続け、したい話をできずにいたらどうなるでしょうか？　その話題について考えるのがイヤになってしまうでしょう。それどころか、自分にその話題のことを考えさせるような情報に触れることさえ、イヤになってしまうでしょう。

別に政治に関わるややこしい問題でなくても同じことが言えます。かつては違和感を覚えていたのに、それを表明することができないから、それを感じないように努力してきた、そういうことが人生にはたくさんありませんか？　学校、家庭、友人関係、親との関係、職場での人間関係など、様々な場面で違和感を封じ込めてきた経験はありませんか？　僕はありました。

違和感を感じないようにするというのは「自分に嘘をつく」ということです。自分に嘘をつくというのは、生きていく上で一番やってはいけないことだと思います。それは、自分で自分を縛り付けること、自由を自ら放棄すること、「こうしなければならないから、こうしなければならないんだ」と信じて生きていくことです。そして、自分を縛り付けた人間は、当然ながら、周りの人間も縛り付けようとするのです。

この点は次の質問に対する答えの中でもっと詳しく説明しますが、僕自身は皆がもっと政治について考えた方がいいと思っています。というのも、私たち自身がその中に暮らしているのだから、それがひどいものになったら大変だし、もっとよいものにできるならよいものにした方がいいに決まっているからです。

でも、「政治について考えろ」などと命令することは誰にもできません。そしてそのように命令したところで、誰も考え始めません。しかし、もしあなたが、これまでに、何か違和感を覚えたのにそこから目を背けるようなことをしてきたのなら、あるいは、いまそのようなことをしつつあるのならば、それはやめた方がいいと思います。そして、その違和感についてじっくりと考えたり、誰かと話をしたりして欲しいと思います。そうすると、多分、その中で考えられたことは最終的に政治とつながっていくことでしょう。というのも、人の世には、多分、政治と無関係なものなどないからです。

Q2. 政治家は政治のプロです。プロに考えを任せてはいけないのでしょうか?

世の中にはこんな通念がありませんか? 強いリーダーがトップダウンで物事を決めるならば、確かに民主主義的な手続きこそ蔑ろにされるものの、スピーディーに、また効率よく決定を下すことができる……。

政治家は政治のプロだから政治は彼らに任せておけばよいというのも、これの一バージョンですね。確かに決断をトップに委ねた方がいい時もあります。しかし、そうやって決定権を預けっぱなしにしたらどうなるでしょうか？

まず第一に、トップに立つ個人あるいはグループには必ず能力的な限界があります。あらゆる決定がその個人やグループに委ねられるならば、「決めることが多すぎる」、「決めるにあたって知らねばならないことが多すぎる」という事態に陥ります。するとどうなるか？テキトーな決定が下されるようになるか、あるいは、決定権をもった個人やグループの周りにいる人々に、その決定権が譲り渡されるようになります。「これ、ちょっと難しいから、お前に任せるわ！」という事態が繰り返されるわけです。これは、知らぬ間に行われる、決定権の外注ですね。そうなると、決定権を預けた側の人たちの知らないところで、勝手に、事実上の決定が下されるようになってしまいます。

第二に、人間は必ず間違いや失敗を犯します。そして、それらを隠すだけの力をもっていたら、必ずそれらを隠します。決定権を個人やグループに預け、「後は頼むよ」とだけ言って何もしなかったら、そうしたことが起こるのは簡単に予想できます。こんなことは誰でも知っていることです。そして、一度間違いや失敗が隠蔽されると、それを隠蔽するために、更に隠蔽を重ねねばならなくなります。そうして組織や社会は、粉飾決算を続ける企業のようになっていきます。

第三に、なんでもトップが決めて、自分たちは少しも決定に関われないとなったら、組織や社会のメンバーはどう感じるでしょうか？　そんな中でやる気がでますか？　自分たちで考えて、決めて、そして実行する。そのような場合にこそ、人間にはやる気がでてくるのです。それが満たされない組織や社会は、イノベーションを生むことができないでしょう。つまり、ダラダラとしたダメな組織・社会になっていくでしょう。

僕がいま説明した三点は少しも難しいことではありません。誰でも知っていることです。ところが、話題が政治となると、なぜか、誰でも知っているこの当たり前のことが忘れられてしまうのです。組織や社会を運営するにあたっては、確かに、決定権がどこかに預けられることが必要です。でも、預けっぱなしにしていたら、組織や社会はダメになっていきます。緊張感がなくなるからです。したがって、私たちが決定権を預けている政治家たちに常に目をやっておかねばなりません。それは家庭でも会社でもどこでも行われていることであって、それを政治でもやればいいだけです。

では、具体的には何をすればいいのか？　答えは問題ごとに異なってくるのであらかじめ言うのは難しいのですが、原則として言えることが三つあります。

一つ目は、気になる話題について知ろうとすることです。今何が起こっているのか、起ころうとしているのか、それを知ろうとすることです。二つ目は、尋ねることです。冒頭にも書きましたが、分からなければ聞けばよいのです。これは、一つ目の知ろうとすることを補助するものでもあります。知りたいけれどどうしたらよいのか分からなければ、誰かに聞けばいい。いまは便利な時代です。日本の政治状況について知りたいが、どこから手を付けたらよいのか分からない……ということならば、たとえばツイッターで、僕とか誰かに、「この問題について、いい本や記事はありませんか?」と聞いてもいい。三つ目は話すことです。話すというのは最高の政治活動です。というか、政治の基本は話すことなのです。女性哲学者のハンナ・アレントは、『人間の条件』という本の中で、話せること、言葉を使えることこそが、人間が政治を行う上での不可欠の条件であると言いました。まず気になることがあったら、誰かと話をしてみてください。

Q3. 選挙の投票率はますます悪化するばかりです。なぜ投票率はここまで下がり、人は政治から離れてしまったのでしょう?

これに対しては一言で答えることはできません。ただ、一つだけ言えることがあります。いまの政権は、主権者である皆さんに対し、政治に関心をもって欲しくないと思っているということです。皆さんが政治に関心をもつと、政権に対する監視の目が強くなります。それを政権は嫌っているのです。そのホンネをこれ以上ないほど見事に見せつけたのが、昨年、二〇一四年末の総選挙です。何のための選挙だったのか、思い出せますか? そもそも、任期満了していないのに、なぜ選挙する必要があったのでしょうか? しかも、いきなり選挙を行うと言われ、バタバタしているうちに終わってしまいました。考えるための時間もない、選挙運動期間はたった二週間たらず（僕がいまいるイギリスでは一ヵ月以上あります）、年末の忙しい時期でなかなか時間もとれない、争点もはっきりしない……。もちろん、そうした条件をすべてあらかじめ計算した上で、政権は選挙を行ったのです。政治への関心が高まらねば、当然、現状維持が選択されるからです。テレビの選挙番組も大幅に時間数を減らしました。皆の関心が選挙にないからです。

いま私たちは、そういうことが平気で行われる国に生きています。おそらく、今後、この傾向は強まる一方でしょう。

Q4．日本には、世間話のトピックとして政治の話は避けるのがマナー、という空気があります。政治的な話は周囲の人とどのように共有するのが正しいでしょうか？　また、そのなかで、自分の意見が唯一無二の正しい意見と思いこまずに、異なる考え／異なる立場の人たち、またその思想に接するには、どのような態度を取るのがよいのでしょうか？

「自分の意見こそが唯一無二の正しい意見である」と信じ込んでいる人というのは、実はその意見を信じていないのです。自分の意見に対して確信がないから、それを正しいものと信じ込もうとしているのです。確信があったら、何を言われても「なるほど、そういう考えもあるよね」と軽く返すことができます。確信がないと、それを崩されるかもしれないから、「いや、お前が言っていることとは違う！」とムキになって反論します。

じゃあ、なんで確信がないのに一つの意見に固執するのかというと、何か心に不安があるからなのだと思います。たとえば、これこれのタイプの意見をもっていないと、自分が仲間でいたいグループからはじかれてしまうなどといった不安ですね。あるいは、意見がないことを誰かに批判されるのではないかという不安も考えられます。

この不安を取り除くのは確かに難しいでしょう。でも、「こっちの意見のほうがなんとなくいいな」という気持ちをもったら、その意見はどこかで訂正されるかもしれないと分かっておくこと、それが大切です。そして、もし自分が何か一つの意見に固執していることに気づいたら、それは自分に確信がないことの証拠であり、そしてまた、それは心の不安のせいかもしれないと知っておくことです。

僕でも政治の話をするのが躊躇《ためら》われる場面があります。ですから、いつだってそのような話ができるわけではありません。しかし、不安に由来する盲信を少しでも遠ざけておければ、政治の話をする場面はどこかにあるはずです。

そして、そのような状態で話ができれば、たとえ意見が違ってもうろたえることはないでしょう。そもそも、意見が完全に一致することなどあり得ないのです。それは食べ物の好みが完全に一致する人間がいないのと同じです。意見など違って当たり前という気持ちで、気楽に話してみましょう。

『暮しの手帖』二〇一五年八‐九月号

Ⅱ

知性の最高の状態

昨日は久しぶりにブログを更新した。

原発に関するもの。

原発についてはもう考えざるを得ないし、毎日考えているし、いろいろ調べてもいる。

けれど、それについて意見するのは本当にイヤになる。

なぜかというと、あらかじめ反論を見込んだ上で、反論に答えられるということを第一に考え、議論を組み立てなければならないからである。

つまり、何か真理を目指すというよりも、議論で「勝つ」ことを目指さなければならないからである。

議論で「勝つ」というのはくだらないことである。そして、「勝つ」ために知識を蓄え、議論を組み立てていくのも、くだらないことである。

学問というのは真理の探究であると、俺は堅く信じている。

真理の探究は「勝つ」ためになされるのではない。「勝つ」ために真理が探究されたとき、つまり、相手を説得し、説き伏せようとして真理が探究されたとき、真理の探究はゆがむ。

スピノザの哲学は説得を目指さない——。このテーゼを提示した俺の『スピノザの方法』が述べているのも、そういうことである。

しかし、そうはいっても、「負ける」わけにはいかない場合もあって、しかたなく、そういうこともしなければならない。

イヤだけど。

最近、内田樹氏の『最終講義』という本を読んだ。

とてもおもしろかった。

内田氏は真っ当なことを言う。これが大切である。

本の中で、とある日本の学会の堕落ぶりが紹介されている。

その学会で発表する大学院生たちは、何も背負っていない。ただ、自分の業績を評価してもらいたいという気持ちだけをもって、論文を査読するひとたちや業績に点数を付けるひとたちに向かってしゃべっている、と。

すごくよく分かる。俺はあまり学会活動をしていないし、その学会のことも何も知らないのだけれど、要するに彼らの頭の中にあるのは、アカデミックポストを得て就職するための点数稼ぎだけなのだろう。

そのために「研究」したり発表したりというのは、いったいどこが真理の探究だろうか。

しかも実はそれ以上の問題がある。

内田氏はこんなことをいっている。


さっき僕は、研究者は「何かを背負っている」必要があると申し上げました。「フロントラインに立つ」というのは、自分の背後に何かを感じるということです。自分が前線を前に押し出す力を感じるということです。それは自分自身の業界内的な格付けを上げるとか、業績を評価されて大学のテニュアを獲得するとか、著書が売れるとか、学会賞をもらうとか、そういう個人的なことじゃないんです。別にそれが倫理的にいけないという意味ではないんです。自己利益を動機にして研究していると、「頭の回転数」がある程度以上は上がらないから、それじゃダメだと言ってるんです。（六一－六二頁）

この感覚が俺はよく分かる。

よく金は天下の回り物というが、知識も同じで、知識も天下の回り物である。

「こんなおもしろいことがある、こんなすごいことがある、だから俺の話を聞いてくれ！」って態度で研究したり、執筆したりしていると、どんどん頭が回転してくる。

けちくさく、ひとつのアイディアに固執するなんてことは考えなくなる。どんどんひらめく。

これはいわば、俺の言う「スピノザの方法」が実現された状態だ。

観念がうまく連結し、知性が自動運動をし始める状態。

こういう状態を内田氏は、「知性の身体性」とか「アカデミック・ハイ」といった言葉で説明しようとしている。

例えば彼はこうも述べている。

> 自分の知性が最高の状態にないことに、空腹や眠気や渇きと同じような激しい欠落感を覚える人間だけが、知性を高いレベルに維持できる。
> でも、知性を使って、世俗的な価値を手に入れることを目的とする人たちにとって、彼らの「頭のよさ」は単なる道具に過ぎません。（七一頁）

内田氏は、この知性の最高の状態を手に入れるために、「技術的な視点」から考察するひとがほとんどいないことを驚いている。

この場合「技術的な視点」とはどういうことかというと、どういう状態で生きていれば、自分が知性の最高の状態にしばしば到達できるのか、その術を考えるということである。

内田氏は、そのための彼なりの「技術」を持っている。

実は彼のこの「技術」が俺のそれと酷似しているというか、全く同じだったので、大変おどろいた。

それはどういうものかというと、平凡な暮らしを維持できるように、全力で努力するというものである。

「アカデミック・ハイ」がまた経験したいから、僕はとりあえずよく寝て、健康管理に気づかって、同僚と仲良くして、家族をいたわって……という平凡な暮らしを全力で維持しているわけです。僕がルーティン大好き人間であるのは、ルーティンそのものが好きだからじゃないんです。そうじゃなくて、ルーティンを守って暮らしていないと、絶対に「アカデミック・ハイ」は訪れてこないということがわかっているからなんです。

（六八頁）

そうそう！　そうなんだよなぁ！

これ、俺も友人に話ししたことがあって、その時大笑いされたんだけど、ちょっともめ事とかあると、もう頭がまわらない。だから、ものすごい努力して、一定の生活を維持できるようにしている。

この辺りは多分、人によっても違いはあるだろうと思う。だけど大切なのは、知性の最高の状態をしばしば体験するための「技術」を、ひとりひとりがうまく発見していくことだろう。

というのも、内田氏も強く批判しているように、今の時代、知性を向上させるための手立てとして人が思いつくのは「人参と鞭」だけだからである。

よく勉強した子には「人参」を与え、怠るものには「鞭」を喰わせる。（六九頁）

そんなんで知性の性能が高まるわけない。

今はやりの「競争」で何でも片付けようとする人たちも、だいたいこのタイプ。で、この点について、内田氏に俺なりの考えで伝えたいことがある。

内田氏は自らが勤めていたキャンパスや校舎のすばらしさをこの本で論じている。それについての、とあるエピソード。

大学の財政再建が問題になったとき、大学があるシンクタンクに再建案を依頼したのだという。するとそこの調査員が、「築六〇年の建物なんて無価値。維持費に金がかかるだけ。こんな建物を持っているのはドブにお金を捨てるようなこと」と言い出したらしい（二〇一―二一一頁）。

内田氏は当然反発。

なぜこんなすばらしいキャンパスや建物を売り払わなければならないのか。こいつらはキャンパスや校舎の価値を地価や耐用年数といった数値でしか評価できない。自分はこのときに市場原理主義はダメだと実感した、と。

しかし、彼はそのことをその調査員にうまく説明することができなかったらしい。そしてそのことでとても悔しい思いをしたらしい。

さて、どうやって説明したらよかったのだろうか?

俺は自分が市場原理主義や、その根本原理である「競争」といったものについて、ずっと考えていたことを思い出した。

よく市場原理主義や競争を批判するときに、そういう考えには、優しさがないとか、人間らしさがないとか、暖かみがないとか、切り捨てであるとか、数値では測れないものがあるとか、そういった批判が出される。

これらの批判は間違いではない。

しかし、俺がその調査員だったら、全然納得しないだろう。そもそも、そういうことは分かった上で市場原理主義や競争が必要だと思い、そう述べているのだから。

そしてそれだけではない。こうした批判は、市場原理主義や競争、更には先ほどの「人参と鞭」といった考えの本質的な問題点に届いていていない。

それらの本質的な問題点とは何か？

簡単である。

市場原理主義や競争、「人参と鞭」といった考えの問題点とは、それらを高く掲げる人たちが、とても少量の情報しか処理していないということである。


現実は複雑である。

極めて大量の情報を処理しなければ、現実に迫ることはできない。

しかし彼らは、うまく頭の回転数を高められずにいるのだろう。

だから、自分たちの知性で処理できる、ごく少量の情報だけを取り扱おうとする。たとえば地価や耐用年数といった数値だけを。

つまり、市場原理主義や競争、「人参と鞭」といった考えを高く掲げる人たちは、冷たいのでも、暖かみを欠いているのでもない。自分たちの情報処理能力で扱いうる範囲のごく少量の情報に固執しているのである。


言いかえれば、彼らは少しも合理的ではない。なぜなら、現実の複雑さをできる限り複雑なままに処理することができなければ、合理的な結論は導けないからである。

たとえば、内田氏は、こういう建物で勉強すると落ち着くとか、話がしやすいとか、知的な高揚感を覚えるとか、そういった事例を挙げている。

これらは間違いなく、キャンパスや建物、そして財政再建を考える上で処理項目に上げなければならない情報の一端である。

環境が人に与える影響は、既に膨大に研究されている。そして好環境が整えば、その大学の学生は伸びる。大学も伸びる。これは財政再建にもよい影響を与える。

これだけではない。

内田氏が本でこの大学のキャンパスや建物のすばらしさを訴えることが出来て、しかもそれは売れているわけだから(!)、大学の宣伝になる。

おそらくは、もっともっと多くのことを考えねばならないだろう。

市場原理主義や競争、「人参と鞭」といった考えが幅をきかせているという現実は、我々の社会が、あまり多くのことを考えたくないという方向に向かっていることを示している。

そしてその中で人は、知性の最高の状態を体験することができなくなっている。

それを体験できないから、社会の方ではそれを先取りして、市場原理主義や競争、「人参と鞭」といった考えを前景化するようになる。こういう悪循環が起こっている。

だから内田氏はその調査員たちに、「君たちは考えていることの量が少なすぎるな。勉強も、知的訓練も足りないな」と言えばよかったのである。

人間の知性はとんでもなく発達している。

我々はまだ知性が何を為しうるのかを十分に知らない（これはスピノザが考えていたこと）。

だから、みんなの情報処理能力をどんどん低めるようなことはやめていこう。

実際、我々はものすごいたくさんの量の情報を一度に考えている。

単に日常生活を平々凡々に生きていくだけで、どれほどの量の情報を処理しなければならないことか。

だからこそ、内田氏も、そして俺も、その平々凡々な生活を維持するために、途方もない努力を強いられているのだ。


ブログ「Philosophy Sells...But Who's Buying?」二〇一一年七月一三日

生存の外部——嗜好品と豊かさ

私は一九九三年から一九九四年の間に大学生活を過ごしたのだが、当時大変盛り上がっていたのが「豊かさとは何か?」という議論であった。バブル経済にうかれた日本がその崩壊に直面し、「私たちは本当の豊かさを忘れていた」「豊かさを取り違えていた」と反省し始めた時代だった。類書がたくさん出たような気がする。しかし何一つ頭に残っていない。内容が空疎であったからだろう。

豊かさについての議論は、多くの場合、説教口調と切り離せない道徳主義的なものである。それが目指すところは単純であり、人々に我慢を強いることに他ならない。曰く、消費社会の中で私たちは贅沢をしすぎたのであり、質素さを旨とする「清貧の思想」を生きねばならない、と。

私はこのような考えが単なる勘違いと無知に基づいていること、それどころか、それは消費社会の核心にある問題を覆い隠すものですらあることを、昨年、二〇一一年に出版した著書『暇と退屈の倫理学』(朝日出版社。二〇一五年に太田出版より増補改訂版)で論じた。この議論は本稿の主題である嗜好品という存在と密接な関係を持っている。そこで、まずは私の議論の大枠を紹介したい。

*

贅沢とは何だろうか？　それは不必要なものと関わっている。必要の限界を超えて支出がおこなわれる時、人は贅沢を感じる。たとえば豪勢な食事を食べなくても人間は生きていける。キレイに彩られた服がなくても人間は死にはしない。贅沢はしばしば非難されるが、そこには過度の支出に対する不同意の意味が込められている。必要の限界を超えた支出は無駄ということだ。

だが、ここで少し立ち止まって考えていただきたい。人は必要なものを必要な分だけもっていれば、それで生きていけるのだろうか？　必要の限度を超えた支出は無駄であって、生活には生存に必要なものが十分にあればそれで事足りるのだろうか？

おそらくそうではないだろう。必要なものが十分にある状態とは、必要なものが十分にしかないということだ。十分とは十二分ではない。必要なものが必要な分しかない状態、これは非常にあやうい状態である。日常生活のバランスを崩すアクシデントがすこしでもあれば、それまで通りには生活できなくなる。あらゆるアクシデントを排し、必死で現状を維持しなければならない。それは豊かさからはほど遠い生活だ。

必要を超えた支出があってはじめて人間は豊かさを感じられる。人間が豊かに生きていくためには、贅沢が必要である。つまり余分は無駄ではない。

この贅沢を浪費と言い換えることができるだろう。浪費とは必要の限界を超えてモノを受け取ることである。浪費は豊かさの条件に他ならない。人類はずっと浪費をおこなってきた。フランスの哲学者ジャン・ボードリヤールは次のように言っている。どんな社会も豊かさを求めたし、贅沢が許された時にはそれを享受した。あらゆる時代において、人は買い、所有し、楽しみ、使った。「未開人」の祭り、封建領主の浪費、一九世紀ブルジョワの贅沢……他にもさまざまな例が挙げられるだろう（ジャン・ボードリヤール『物の体系——記号の消費』法政大学出版局、二四五—二四六頁）。

浪費は満足をもたらす。なぜならモノの受け取りには限界があるからである。たとえば身体的な限界を超えてモノを食べることはできない。だから浪費はどこかでストップする。

ところが人間は最近になって全く新しいことを始めた。ボードリヤールによれば、それが消費である。浪費はどこかでストップするのだった。浪費は必ずどこかで満足をもたらすからだ。しかし消費はストップしない。消費には限界がない。なぜだろうか？　消費の対象がモノではないからである。消費はモノではなくて、記号や観念を対象にしている。消費する時、人はモノではなくて、モノに付与された記号や観念を受け取っている。記号や観念の受け取りには限界がない。だから消費は終わらない。

記号を消費するとはどういうことだろうか？　たとえばどんな食事でも食べられる量は限

られている。しばしば腹八分が勧められるがたまには腹一杯、十二分に食べたいものだ。これが浪費である。浪費は生活に豊かさをもたらし、そして必ずどこかでストップする。

では消費とは何か？　グルメブームというものを思い起こして欲しい。ある店が美味しいとか、有名人が利用しているなどと宣伝されると、その店に人が殺到する。もちろん「あの店、行ったことがあるよ」と他の人に言うためである。そして、もちろん、次に他の店が宣伝されれば、今度はそこに行かねばならないのだ。こうやって「おすすめ」の店を延々と回り続ける人々が受け取るのは、「その店に行ったことがある」という意味である。店は完全な記号になっている。そして、記号はいくらでも受け取ることができる。だから満足をもたらさない。記号の消費はいつまでも終わらない。

別の例を挙げよう。現代では基本的に商品はどんなにいいものであっても、モデルチェンジしないと売れない。携帯電話がいい例である。数年前の機種が今でも使えないわけがない。しかし、半年もたたないうちに「新しい」モデルが発売される。なぜだろうか？　人々はモデルなどみていないからである。「チェンジ」という情報・意味だけを受け取っている。消費する人はモノ（＝モデル）を受け取っているのではない。意味や記号（＝「チェンジした」）を受け取っている。

消費と浪費の違いは明白である。浪費は目の前にあるモノを受け取る。消費はモノに付与された意味・観念を受け取る。このことは消費社会の魔法そのものを説明してくれる。消費は満足をもたらさない。しかし消費者は満足を求めて消費している。消費しても満足が得られないから、更に消費を続ける。こうして、消費と不満足との悪循環が生まれる。二〇世紀に爆発的に広まった消費社会とはこの悪循環を利用したものである。消費しても満足が得られないから消費して……というサイクルをうまく利用することで、莫大な量のモノを売ることができた。その結果、大量生産・大量消費・大量投棄の経済が生まれた。

バブル崩壊後に雨後の竹の子のように現れた「豊かさ」論、そしてまた、ほとんどの消費社会批判は、この大量生産・大量消費・大量投棄の経済を眺めながら、その「贅沢」を糾弾したものである。このような贅沢批判の問題点は明らかである。消費社会の中に贅沢などない。逆だ。消費社会とは我々から贅沢を奪うものである。浪費家であろうとする我々を消費者に仕立て上げ、満足することが決してない消費のサイクルに投げこむのが消費社会である。我々は贅沢をしているからとめどない消費の渦に巻き込まれてしまうのではない。消費の渦に巻き込まれることで贅沢ができなくなっているのである。

余談だが、この視点はいま注目を集めているエネルギー問題についても大きなヒントを与えてくれるはずである。贅沢をしているからエネルギー使用量が際限なく大きくなっていくのではない。贅沢から遠く離れ、終わりない、つまりは満足のない消費のゲームが必死で維持され続けているからこそ、エネルギー使用量が増え続けているのだ。我々に必要なのは贅沢を取り戻すことなのである。

＊

では贅沢を取り戻すにはどうすればよいのだろうか？　実はこれは容易なことではない。贅沢するためには、つまり浪費するためには、きちんとモノを享受し、楽しむことができるようにならなければならない。しかし、浪費家になるチャンスを奪われ続けた人間はなかなかそうならないのである。

もちろん道はある。その道について、バートランド・ラッセルという哲学者が大変重要なことを述べている。ラッセルによれば、かつて教育は楽しむ能力を訓練することであった（『ラッセル　幸福論』岩波文庫、五六頁）。これは楽しむという行為が決して自然発生的なものではないということを意味している。楽しむとは、何らかの過程を経て獲得される能力であり、こう言ってよければ、一種の技術なのである。

ラッセル自身は実のところ上のように述べるにあたって、「教養」が必要とされるハイ・カルチャーの楽しみのことを念頭においている。たとえば文学的素養がなければ文学などつまらない。それを楽しむためには訓練が必要だ。

しかし、私はラッセルが述べていることは楽しみ一般について言えるものだと考えている。たとえば人との会話を楽しむためには会話術を幼い頃から学んでくる必要がある。子どもをみているとよく分かることだが、複数の人間が一緒に遊んで楽しむためには高度な技術が必要とされる。

更には身体的な楽しみにも同じことが言える。食べ物を楽しむためには一定の訓練が必要である。幼い頃から質の良い食事に触れていれば、繊細な味を楽しめるようになる。性的な快楽の例を挙げてもよい。性行為もまた経験を重ねることで自分なりの楽しみ方を学んでいくものだからである。

訓練というと何か体得のための厳しい過程を思い描いてしまうかもしれないが、実は我々は日常的に様々な楽しむための訓練を行っているのである。逆に、いわゆる教育とは、意識的・組織的に行われる「楽しむ能力」の訓練であると考えることができるだろう。

ところがこうした訓練の機会が日常生活から奪われている。消費社会は人が浪費家になることを許さないからである。消費社会としてはモノを楽しむ浪費家になられては困るのだ。それでは、とめどない消費のゲームが始まらないからである。消費社会としては、モノを楽しむ訓練など受けていない人間が消費と不満足の悪循環の中で焦燥感に苛まれながらただひたすら記号の受け取りを続けることこそ理想なのだ。

こう考えてみると、楽しむという行為がもつ社会的な意義、もしかしたら革命的と言ってもよいかもしれないその意義が見えてくる。楽しむというのは確かに個人的なものである。しかし、もしも我々がきちんと楽しみ、楽しむための訓練を積むことができれば、おそらくこの社会は変わるのだ。今のサイクルでは物事が回らなくなるからである。楽しむことには、そのようなすばらしい可能性が秘められている。

＊

私の考えではこのような楽しむことの革命的意義を考える上で、嗜好品は大変重要な役割を担っている。というのも、嗜好品とはまさしく、生存に関係ない、生存の外部にある、純粋に楽しむためだけのモノだからである。タバコや酒、甘い物などがなくても人は死なない。しかし、そうしたものを楽しめることにこそ、人間的な豊かさがある。生存には関係のない余分なものを受け取り、それを享受することこそが贅沢なのだから。

だが、嗜好品は現在、大変肩身の狭い思いをしている。現在、タバコは社会の敵ナンバーワンの一つである。酒を飲む人も減っているようである。甘い物は必ず「ダイエット」という観念を呼び覚ます。女性は純粋に甘い物を楽しめなくなっているという話すら聞く。そうして無駄なものを排しながら、人はジムに通って必死に汗を流す。

もちろん「健康」を一概に否定するつもりはない。別に誰もがタバコを吸ったり、酒を飲んだりする必要もない。しかしここには、楽しむということに対する、社会からのぼんやりとした禁止が現れているような気がしてならない。楽しんではならないという命令がなんとなく聞こえるのだ。現代は楽しむということの価値が著しく貶められた時代ではないだろうか？ 「本当の豊かさ」を求めていた人々は結局、楽しむことを忘れてしまったのではないだろうか？

この点で私が大変感銘を受けたお酒についてのことばを紹介したい。これは行きつけのバーでマスターが偶然見せてくれたソムリエ教本の一節である。お酒は基本的に身体を冷やすものであるという話に続いて次のように書かれていた。

それでは、「お酒は身体を冷やすだけで、やはり身体に悪いだけじゃないか！」と言われる方もいらっしゃると思いますが、そうではありません。お酒の持つ最大の利点は「ストレスオフ効果が高いこと」なのです。適度な飲酒は身体の筋肉と精神を良い意味で弛緩し（肩の力を抜いてくれたり、コリをほぐしてくれたり）、ホッとさせてくれます。カッカしたりイライラしたりすることが多い日常生活の中で、適度な飲酒は最高のストレス解消法となるのです。またお酒には明日の活力を与えてくれる効果もあります。お酒からエネルギーを摂取するわけです。

（右田圭司監修『新訂ソムリエ・マニュアル』柴田書店、二〇頁）

そう、「健康」の観点からみたら確かにお酒には悪いことばかりである。タバコもそうであろう。しかし、そこには何ものにも代え難いストレスオフ効果がある。そしてそれは人をほっとさせ、活力も与えてくれる。

繰り返すが、私は人に酒を飲めとかタバコを吸えなどと言いたいのではない。楽しむということはそもそも余分なのだから、「健康」という生存の条件に合致しない効果があるのは当たり前だ。しかし生存に直接役立たないものを生存の視点から全否定してよいのだろうか？　それは人間的な豊かさを否定することにすらつながりうる考えではないだろうか？　大袈裟なことを書いているように思われるかもしれない。しかし、浪費、贅沢、豊かさについて考えるとどうしてもそのような印象は避けがたい。

それに、「健康」という名の生存の条件を全ての物事の尺度にする考えが、消費社会のロジックから導き出されたものでない保証がどこにあるだろうか？　酒もタバコも甘い物も断ってジムのマシーンの上でただひたすら走る行為は、どこかしら、終わることのない記号消費ゲームのメタファーにも見える。

これは今後の私の課題なのだが、哲学は「美しい」については延々と論じてきているのに、「楽しい」についてはほとんど論じてこなかった。「楽しむとは何か？」という問いはこれから哲学が真剣に考えねばならない問いである。この問いは既に述べた通り、社会総体の変革と関わっている。そしてもちろん、一人ひとりの豊かな人間らしい生活につながる問いである。

『ＴＡＳＣマンスリー』二〇一二年八月号

インフォ・プア・フード／インフォ・リッチ・フード

B級グルメと言われる時の「B級」とは何を意味しているのだろうか。それは「A級ではない」という意味でしかあり得ない。ではA級グルメとは何だろうか。

「グルメ」とはフランス語でgourmet、「食通」や「美食家」を意味する。日本語ではすこしその意味を変えて、食通や美食家が愛する「うまいもの」という意味でこの「グルメ」という語を用いている。ということはつまり、A級グルメもB級グルメもうまいものであるという点では変わらないことになる。

ならばA級グルメとB級グルメの違いはうまさにはない。どちらもうまいものであるはずだ。つまり、両者の差はうまさ以外の水準、おそらくは値段や儀礼的なものの水準にある。同じくうまいものであろうとも、値段が高かったり、伝統的な礼儀作法に則って食さなければならないとき、そのうまいものがA級と呼ばれる。

A級グルメは自らの価値をいくつもの盾によって守られている。値段が高く、伝統的な礼儀作法に則って食さなければならないものが提供される時、人はそれを「うまい」と言わなければならないという圧力を感じるからである。しかし、礼儀作法は別としても、値段はまったくうまさとは関係がない。特に東京のような大都市の場合、食事の値段は食材の値段では決定されない。地価によって決定される。地価の高い場所にあるお店はどうしても食事の値段を高く設定せねばならない。

それに対しB級グルメはそのような盾をもたない。うまさでしか勝負できない。したがって、B級グルメにおいてこそ、我々はうまさの問題、味の問題に直面する。しばしばB級グルメについても、郷愁を誘うとかいったうまさ以外の要素が指摘されることがあるが、うまくなければB級グルメとは呼ばれないであろう。それに「グルメ」という言葉はあくまでも「うまいもの」を指すためにある。

ではうまいとはどういうことだろうか?

哲学では食が分析の対象となることが稀であった。西洋美学においては伝統的に接触の契機があるものを低く見る傾向があると言われている。視覚や聴覚の対象(絵画、彫刻、建築、音楽など)が高い地位に置かれるのはそのためである。これらの領域では対象に接触することがない。そうした伝統の中では、食のように直にものに触れる行為はどうしても低い扱いを受けることになる。

食の問題を正面から扱った思想家にシャルル・フーリエがいる。彼は『愛の新世界』でこう書いている。

文明世界では、消化不良をおこすほどたくさん食べさせたときに会食者たちを大いにもてなしたことになると考えられている。だからこそ、とりわけパリで、多くの文明人たちがたった一回食事しただけなのに二四時間腹をいっぱいにさせているのだ。彼らはその一回の食事で、数日分胃を消耗させている。[*1]

フーリエにとって、食は文明世界の堕落そのものに直結する問題であった。だからフーリエは、主に文明人の食べ過ぎ、また、文明社会で好まれている食が身体に悪い影響を与えているという事実を取り上げて論じている。

ロラン・バルトはそのフーリエ論を食事の話から始めているが、そこでも取り上げられるのは、うまさそのものではなくて、文明社会における食の位置である。[*2]

バルトは酸敗したバターのクスクスが嫌いだったが、ある時にそれを食卓で出された。バルトは言う。フーリエがいたら、(1)このクスクスの問題はくだらない問題ではない、(2)酸敗したバターのクスクスは嫌いなのにそれを表明することを許さない社会は偽善的である、(3)社会は自分の食についての偏愛を行使することを保証しない限り正しいとは言えない、と言って自分を助けてくれたはずだ、と。

フーリエやバルトの指摘は極めて重要である。我々は西洋美学の伝統に逆らって、食を通じて社会について考えねばならない。食の問題はくだらない問題ではない。その食事の値段が高いとか、伝統的な礼儀作法に則って食べなければならないといったことが、我々の食に対する判断を狂わせてしまう、そういう社会は偽善的である。そして、社会は一人一人の食に対する偏愛の行使を保証すべきである。

人間関係や住居環境等々が人間の精神に大きな影響を与えることはすでに社会学によって大いに指摘されている。しかし、食が人間の精神に大きな影響を与えることは意外なほど研究されていない。一九世紀の思想家シャルル・フーリエは既にそのことを指摘していたというのに。我々は食と社会の関係をより厳密に、学問的に、そして哲学的に探求しなければならない。フーリエはその際の重要な参照項である。

しかし、既に述べた通り、フーリエは——そしてバルトも——うまさそのものについての考察を試みていない。

カール・シュミットはどんな領域でも究極的な区別というものが存在し、たとえば、美学なら美／醜、道徳なら善／悪、経済なら利／損、そして政治においてはそれは友／敵であると言った。言うまでもなく、食という領域における究極的な区別とは、うまい／まずいであ

＊1 Charles Fourier, *Le nouveau monde amoureux*, Édition établie et présentée par Simone Debout-Oleszkiewicz, Stock, 1999, p.131〔シャルル・フーリエ、『愛の新世界』、福島知己訳、作品社、二〇〇六年、一六四頁〕。

＊2 Roland Barthes, *Sade, Fourier, Loyola*, Seuil, 1971, p.83〔ロラン・バルト、『サド、フーリエ、ロヨラ』、篠田浩一郎訳、みすず書房、一〇七頁〕。

る。ならば、食についての考察はかならずこの究極的な区別に踏み込まねばならない。うまいとは何なのか？

残念ながら筆者にはまだこの問題に十分に取り組むだけの準備がない。だが、この探求の必要性を記した上で、一つだけ、ヒントになる概念を提示してみたいと思う。その概念はうまさそのものとは多少違う水準にあるのだが、しかし、うまさを考える上での参考にはなるはずである。

＊

近年、ファスト・フードに対抗して、スロー・フードということが言われている。ゆっくり食べる食事ということである。最近ではスロー・フードが社会運動の流れを作ってきているという指摘もある。[*3]

「スロー・フード」という言葉は完全に市民権を得た。しかし、筆者の考えではこの言葉は哲学的に間違った定義に基づいている。以下に詳しく見ていくように、この間違いは致命的である（にもかかわらず、この言葉を使う人たちがこの間違いに気づかないのは、おそらく彼らが実際にうまさを体験できていないからである）。

ではこれら二つの名称の定義上の間違いとは何か？　ファスト・フードの方から考えよう。なぜファスト・フードはすばやく食べられるのだろうか？　それはその食事に含まれている情報が少ないからである。たとえば、質の悪いハンバーガーはケチャップと牛脂の味しかしない。情報が少ないのだから、口の中等々で処理するのは簡単である。全く時間がかからない。だからすばやく《ファスト》食べられる。

それに対し、味わうに値する食事には大量の情報が含まれている。ハンバーグを例にとろう。ハンバーグを構成している主たる要素である合い挽き肉には独特の味わいがある。牛肉の強いクセと豚のさわやかさである。残念ながら今では強いくさみをもった牛肉はなかなか日本国内では食べられない。それ故にこの牛肉のくさみは忘れられつつあるが、牛肉は食材としてみればかなりクセのつよいものである。それに対し、豚肉はそもそも食用に改良された肉であることから分かるように、人間の味覚にとって受け入れやすい味であり、また穏やかな甘みをもっている。この両者を混合するところにハンバーグの驚くべき知恵がある。くさみが口のなかで刺激を与えつつも、豚肉の甘みがそれをうまく包み込む。ハンバーグを食するものはこの相補的関係を一口ごとに処理していく。

ハンバーグには様々な調理法があるが、合い挽き肉に投入される別の要素として欠かせないのがタマネギである。多くの場合、タマネギは油で炒めて冷ましたあとに、合い挽き肉と

＊3　たとえば、宮台真司氏の講演「どこでボタンをかけ違えたのか」（フリーマガジン「Lohas Medical　ロハス・メディカル」。http://lohasmedical.jp/news/2010/11/17140140.php?page=1）。

混ぜ合わされ、そしてハンバーグを成形する作業が行われる。タマネギには独特の甘みがある。しかし甘みだけではない。炒められることでタマネギは香ばしさを獲得している。タマネギの甘みと香ばしさは、合い挽き肉のくさみと甘みに重ね合わせられる。つまりここには二重の対立関係が存在し、それぞれが一種の弁証法をなすと同時に、その二つの弁証法が重ね合わせられる。そうして現れるのは、四つの要素がそれぞれの持ち味をもちつつも、高次の統合状態を提示する運動、すなわち、自らの持ち味を、保持するとともに廃棄する揚棄《アウフヘーベン》の運動に他ならない。

味だけではない。ハンバーグにおいてしばしば指摘されるのはつなぎの重要性である（なお、つなぎとしてはパン粉が使われるのが普通だが、最近、全く別の素材を使った方法が開発され、注目を集めている）[*4]。ハンバーグは焼かれるため、表面は適度な強度を保っている。つなぎの具合がうまくいくと、その表面に守られた内部に肉汁が充満する。ここでも——弁証法的ではないが——対立的な関係が表れる。すなわち、歯を立ててハンバーグをぷつんと切った瞬間、表面の抵抗力と内部の柔軟さが対立的に働く。柔軟さを保つのが内部に充満した肉汁であり、この肉汁を保持するためにつなぎが極めて重要な役割をもつ。このかみしめる楽しみは、一口の作業の中で何度か与えられることになる。

もちろんその他に、香りの要素も大きい。また盛りつけ等々の視覚的要素もうまさに強く影響する。だがここで分析はやめておこう。

以上の分析から言えることは何だろうか？　それは、味わうに値する食事には大量の情報が詰め込まれているということである。そして、情報が大量であるならば、それらを身体が処理するには大変な時間がかかることになる。つまり、味わうに値する食事は、結果として、ゆっくり《スロー》食べられることになる。

ならば次のように言えよう。ファストとかスローとかいった性質は、その食事の含む情報量が多いか少ないかによって決定される。つまり、ファスト／スローは、結果であって原因ではない。それらの結果をもたらすのは食事に含まれる情報の量である。

スピノザは『知性改善論』の中で定義について次のように述べている。定義は事物の内的な本質を明らかにしなければならないから、そのためには、（1）その事物の本質のかわりに特性を以て定義することがないようにしなければならない、（2）定義は原因を含まなければならない[*5]。要するに、事物はその原因によって定義しなければならず、その原因から生じる結果によって定義してはならないということである。事物をその原因によって定義した

＊4　NHK総合テレビで放送されている番組「ためしてガッテン」は、ハンバーグの調理法を検討した結果、麩と寒天をつなぎに使うという新しい方法を発見した（http://www9.nhk.or.jp/gatten/recipes/R20090422_01.html）。これは家庭でも気軽に試すことができる料理法であり、今後、家庭でのハンバーグの更なる進化を促す方法として期待されている。

＊5　スピノザ、『知性改善論』、畠中尚志訳、岩波文庫、二〇〇三年、七五－七六頁。

際には、対象となる事物のあらゆる特性を定義から導きだすことができる。しかし、事物をその原因がもたらす結果によって定義した場合には、単なる一つの特性が取り上げられているに過ぎないから、その事物のもつその他の特性を導きだすことはできない。定義が一面的になってしまう。

ファスト・フードやスロー・フードという言葉は、まさしく、結果による定義に基づいた名称である。すばやく食べられるとかゆっくり食べられるということは、その食物のもたらす結果であって、その原因ではない。

したがって、スピノザの教えに従い、これらの名称で呼ばれている事物を正確に定義するならば、ファスト・フードは情報量が少ない食事、すなわちインフォ・プア・フードと呼ばれるべきであり、スロー・フードは情報量が多い食事、すなわちインフォ・リッチ・フードと呼ばれるべきである。これこそが、両者を結果ないし性質ではなくて、原因によって定義した正確な名称である。

これは決して言葉遊びではない。それどころか、実践的に重要な意味をもつ。なぜなら、情報量が少ない食事をゆっくり食べても何の意味もないからである。この正確な定義が教えるところとは、味わうに値する食事、すなわち情報量が多い食事を提供することこそが重要だということだ。スピノザが教える通り、物事を正確に定義することは、正しい実践の道を開くのである。

どうして哲学者たちは食について語ろうとしなかったのだろうか。この問いかけはおそらく、性の技法を忘れた、あるいは抑圧してきた西洋思想に対して強い苛立ちを抱いていたフーコーの問いかけに似ている。権力論を極限まで突き詰めたフーコーは、晩年、それを放棄し、性の技法を含めた倫理学の領域に足を踏み入れた。接触を忌避する美学の伝統にあっては、性もまた考察の対象から外れざるを得ない。

我々は社会を社会学的に分析して分かった気になるのではなく、フーコーのように更なる一歩を目指さねばならない。どうしたら各人の身体が情報量の多い食事とつきあえるようになるか。どうしたら各人にインフォ・リッチ・フードを提供される社会がおとずれるか。これはまさしく倫理＝政治的な問題なのだ。

「飽食」などという言葉が八〇年代に使われたが、それは飽きることができる程度のインフォ・プア・フードが提供されていたからに他ならない（おそらく当時は食事の価格がそのうまさと誤解されていた）。バルトはフーリエのこんな言葉を引いている。

*

我々が間違っているのは、そう信じられたように、あまりに欲望することではなく、あまりにわずかしか欲望しないことだ……〔Notre tort n'est pas, comme on l'a cru, de *trop désirer, mais de trop peu désirer...*」[*6]。

そう、我々はもっと欲望しなければならない。インフォ・プア・フードを餌のように与えてくる今の消費社会をはねのけ、インフォ・リッチ・フードをもっと欲望せねばならない。それは次の社会変革につながるのである。

『ユリイカ』二〇一一年九月号

＊6　Roland Barthes, *Sade, Fourier, Loyola*, p.88〔『サド、フーリエ、ロヨラ』、一一五頁〕

書評　二〇一〇-二〇一三

この本には三つの苦しさが刻まれている

東浩紀『一般意志2・0――ルソー、フロイト、グーグル』講談社

本書は東浩紀が雑誌連載した論考をまとめたものである。その着想は次のように要約できる。

グーグルなどのウェブサービスは、全世界の人々のネット上の行動履歴を巨大なデータベースとして蓄積している。これは人々の行動履歴である限りにおいて、その欲望を探るための手がかりになる。ところでフロイトは、人間の行動は無意識の欲望によって規定されているが、その欲望は精神分析家の分析を通じてはじめて明らかにされるものだと主張した。ならば、情報技術によって記録された人々の行動履歴を適切な仕方で分析できれば、社会そのものの欲望を明らかにできるだろう。そうして明らかにされた欲望を、かつてルソーが『社会契約論』の中で構想した「一般意志」として捉え、それに基づいて政治を行えないか？一人ひとりの意志（特殊意志）の集合でもなければ、世論（全体意志）でもないものとして定義されるこの一般意志は謎めいた概念でもあるのだが、それが今やルソー本人は想像だにしなかった仕方でアクセス可能になっている。アップデートされた一般意志の概念、「一般意志2・0」を基礎に据えた新しい民主主義を提言するというのがこの本の試みである。

本書を東の仕事の中に位置づけるためには少なくとも彼の三つの仕事を参照しなければならない。一つ目は彼のデビュー作『存在論的、郵便的』（一九九八年）である。その中で東は、複数の可能性を強引に単一化する哲学（存在論）への抵抗を「郵便」というキーワードで描いてみせた。「差異の和」（ルソー）として定義される一般意志をそのままの形で肯定しようとする本書のアイディアは、同書に通底している。

二つ目は『動物化するポストモダン』（二〇〇一年）。同書は「オタク」と呼ばれる、特殊な慣習をもったサブカルチャー愛好者の行動を「データベース消費」という言葉で説明した。同書はこの消費形態を、揶揄的とも肯定的ともとれない不思議な口調で語っていた。『一般意志2・0』は「データベース」を積極的な意味で捉え直している。

そして三つ目。今述べたように『一般意志2・0』は、データベースにこそこれからの民主主義の可能性を見出している。しかし、そこに至るまでに東は一つの価値転換を経験しなければならなかった。問題になるのは、本人が書籍化を拒んだ『情報自由論』である（『中央公論』にて二〇〇二–〇三年連載）。東はこの連載において「監視社会vs自由な社会」という対立図式を維持しつつも、情報の自由化のための策を探るという苦しい課題を背負う。そしてその成果は本にされなかった。

『一般意志2・0』はこの「失敗」を経た上で書かれた。自由を巡る苦しい思索を経て、東は上の対立図式をもはや有効なものとは認めなくなったのである。

本書の苦しさはそれだけではない。連載完結の直前に東日本大震災が起こる。東は本書の主題の有効性を確信しつつも、もはやそれまでのようには「未来社会についての夢」を素直に語れなくなったのだと述べる。そのため、連載原稿にはほとんど手を加えることができなかったという。おそらくはそれ故であろう、本書の議論は東の本とは思えないほどに話の進みが遅い。そこに見出されるのは、高濃度圧縮された情報を高速度で投げつけるいつもの彼のスタイルではない。連載を続けながら悩み、考え、思いついていく苦しい過程である。

更に、そこに追い打ちをかけるようにして、本書の主題が強いる苦しさが付け加わる。というのも、この本が直面しているのは政治という主題の核心的な苦しさであるからだ。これを理解するためには、本書でも言及されているハンナ・アレントに言及しなければならない。

アレントは『人間の条件』の中で、人間の行動を、労働/仕事/活動の三つに分類した。三つ目の「活動 activity」は端的に政治のことを指している。アレントはこの「活動」の前提を、人間存在の複数性と考えた。人間はどうあってもたくさん存在している。この複数いる人間たちが一つの社会を作り、一つの決定を下さねばならない。それが政治だ。つまり政治とは、多と一とを結びつける営みに他ならない。

多と一を結びつけるというのは基本的に無理である。では人類はどうしてきたか?「神様がこう言った」とか「王様がこう言っていた」といって多と一の齟齬を覆い隠してきた。だが近代に入りこうした体制は不可能になる。そして人類は、「人民がこう言っている」に従うことを決意した。

これは多と一を結びつけるという課題がナマのままで政治の舞台に現れることを意味する。人民は複数の人間から成るからである。そこで様々な策が考案された。ルソーはその一つとして「一般意志」を仮構した。しかしこれはやはり仮構である。だからルソーは、「人民は一般意志を理解していないことがある」と述べ、「立法者」なる神のような存在を登場させ、彼を一般意志の伝達者とせねばならなかった。

東は「立法者」の概念をルソーの理論の「バグ」のようなものだと述べている（九〇頁）。しかし評者にはそうは思えない。「立法者」が体現しているのは、政治というものが構造的に抱え込む無理難題（多と一とを結びつけること）の影であり、人間が複数存在している限り避けることのできない業のようなものだ。いかなる政治理論もそれを避けられない。本書も例外ではない。

『一般意志2・0』は最終的に、人々の無意識の可視化したデータベースと熟議の組み合わせによる政治を提唱している。一般意志は、2・0であろうとものっぺりとした一枚岩ではありえず、したがってそこから政治的決定を自動的に導き出すことはできない。かくして我々は再び、多と一を結びつけるという最初の課題に連れ戻される。というか、本書を読む者は、政治が持つ核心的な苦しさに再び目を向けることを強いられるのだ。

東が体験してきた思索の苦しさ、震災という状況が強いた苦しさ、そして政治という主題の苦しさ。本書は三重の苦しさに苛まれている。本書を正当に評価するためには、読み手はこの三重の苦しさの全てと向き合わねばならない。それらに向き合ってはじめて、本書を有効に生かす議論も生まれるはずである。

『文學界』二〇一二年二月号

反 - 享楽的な交渉

斎藤環『原発依存の精神構造――日本人はなぜ原子力が「好き」なのか』新潮社

本書は二〇一一年九月から二〇一二年五月にかけて文芸誌『新潮』に掲載された斎藤環の連載評論「〝フクシマ〟あるいは被災した時間」をまとめたものである。単行本化にあたってタイトルが変更された。新しいタイトルは本書全体の紹介となっており、連載時のタイトルはその出発点にあった問題意識を伝えている。原発事故は我々の時間意識を完全に変更させてしまったというのが本書における斎藤の出発点である。

原発事故は、通常なら相容れないはずの三つの時制の共存、「時制の混乱」をもたらした。どういうことだろうか。我々はいま原発事故という決定的な出来事が起きてしまった後の時間を生きている（斎藤は精神医学者木村敏の言葉を借りてこれをポスト・フェストゥム［＝祝祭の後」と呼ぶ）。しかし、その出来事は終わっていない。この事故がいったい何をもたらすのかを理解し得ない我々にとって、いまもその決定的な出来事は起きつつある（イントラ・フェストゥム［＝祝祭の間］）。そして、同じような震災と原発事故がいずれまた起きるかもしれないという意味では、我々は原発事故を予期しつつ生きている（アンテ・フェストゥム［＝祝祭の前］）。これら異質な時間意識、あるいは時制が、はっきりと我々の中で共存している。時間が被災したのである。

「時制の混乱」がもたらされたのは、ここでの決定的な出来事が原発事故であったからである。原発事故はその全貌も波及効果も定量的に把握できない「了解不可能な惨事」である。したがって、我々はそれをどう経験して良いかわからない。斎藤は哲学者ジル・ドゥルーズの言葉を借りつつ、人々は「〝潜在的〟脅威」に反応していると述べて、この事態を説明している。この原発事故は、象徴的なメカニズムによって体験の構造にはめ込むことができない。だが、それ故にこそ、この事故は象徴化されてしまう。人々は事故を何とかして象徴化しようとする。このことを端的に示しているのが「フクシマ」というカタカナ表記に他ならない。こう表記することによって人はなんとなくわかった気になれる。実際にはどう体験してよいのかも分かっていないのに、何かを皆で共有し、了解した気になれる。だからこそ連載時のタイトルの「フクシマ」には引用符が付されていた。

　本書が一貫して主張しているのは、この象徴化に警戒しなければならないということである。但し斎藤は単に「警戒せよ」と口先で述べているのではない。本書で斎藤は、自らが連載期間中に接した事柄への感想をひたすら綴っている。単行本化にあたり、斎藤は連載原稿にほとんど手を加えなかった。哲学から文学、精神医学から瓦礫処理、鉄腕アトムからガンダムまで。実は無数のトピックの選択に必然性を見いだすのは難しい。そこには単に「原子力」という共通項があるだけだからである。しかし、そうした感想がただ羅列されていくことには必然性がある。無数のトピックを一つひとつ論じていく以外に、この象徴化＝単純化に抗う術はない。もしも、それらトピックの選択に必然性があったかのように連載原稿を書き直したのならば、斎藤は、どう経験して良いのかわかっていない出来事を無理矢理に経験の構造の中にはめ込むことになってしまっただろう。斎藤はその誘惑に抗った。これこそが、本書における象徴化への抵抗の最高度の実践に他ならない。

「フクシマ」の象徴化への抵抗は、斎藤自身も自らの思想であるとする「脱原発」の運動が、これからどういった方向に向かっていくべきかという問題と切り離せない。斎藤はラカン派らしく「享楽」という言葉でこれを説明してみせる。一般に反対運動というものが何らかの享楽をもたらすことは否定しえない。何も為すことがない状態に耐えられない人間という存在は、外から課題が与えられることを欲するからである。だが斎藤は「「反原発の享楽」におぼれることは、ふとしたはずみで「親原発の享楽」に反転しかねない」と指摘する。もはや事態は、悪者を立てて、それを罵倒することでは到底進まない地点にある。それ故斎藤は、行政や企業との政治的で反‐享楽的な「交渉」の必要性を説く。それによってこそ、この運動を我々は維持し、成熟させていくことができるからである。

評者も、「交渉」の必要性という考えに共感する。斎藤が本書冒頭で言及したドゥルーズは「折衝」の必要性を説いた哲学者であった。それは具体的な問題解決に向かうための術である。被災した時間、「時制の混乱」に戸惑いながらも、「フクシマ」という象徴化に抵抗し、「交渉」、「折衝」を今後も続けていくこと。この視点はデモが大きなうねりを生み出している今、今後の運動のあり方を考えていくにあたって、大きなヒントになるはずである。

『波』二〇一二年九月号

新しい投資の思想

水口剛『責任ある投資――資金の流れで未来を変える』岩波書店

「社会をよくする」というと私たちは漠然と政治のことを考える。しかし、社会をよくするどんなアイディアもお金がなければ実現できない。ならば、お金の流れが変われば社会も変わるはずだ。たとえば、社会や環境に配慮した活動をしている人々に資金を援助する。非人道的な活動をしている企業は投資の対象から除外する。

こうした思想はこれまで「社会的責任投資」という形で実践されてきた。既に欧米では百年以上の歴史がある。だが、本書で水口氏が紹介するのはそれよりも更に踏み込んだ思想である。投資が社会や環境に及ぼす影響は甚大であり、金融市場が動かす資金は厖大である。ならば、そもそもすべての投資判断が、儲かる・儲からないという利益計算だけでなく、社会や環境への配慮のもとになされるべきではないか？　これが「責任ある投資」の考え方だ。既に国連は二〇〇六年に「責任投資原則」というルールを公開しており、千を超える機関投資家がこれに署名している。ノルウェーやスウェーデン、オランダは年金基金の運用に倫理的なガイドラインを設けている。新しい投資の思想は少しずつだが広まりつつある。

水口氏は、私たちが気付かぬままに投資に責任を負うていることを指摘するところから本書を書き起こしている。たとえば原発事故を起こした東京電力には、銀行や生命保険会社が投資していた。私たちが預けたお金があの企業の活動を支えてきた。というか、私たちの預金や積立金は気づかないところで様々な企業の事業を支えている。あなたのお金もクラスター爆弾の製造のために使われている可能性がある。

逆に言えば、私たちは自分のお金が適切なルールのもとで運用されることを求めるべきであるし、求めることができる。これを推し進めていけば、すべての投資判断に適切なルールの設定を求める「責任ある投資」の考えに至るであろう。つまり、「責任ある投資」は私たちの負うている「投資に対する責任」と切り離せない。

本書を読む者は、「金融」「投資」「責任」といった言葉のイメージの大きな変更を迫られるであろう。それはここに新しい思想が書かれているからである。是非手にとっていただきたい。

『母の友』二〇一三年一〇月号

なぜこの口調か?

佐々木中『切りとれ、あの祈る手を』河出書房新社

本書は『夜戦と永遠』で注目を集めた佐々木中の第二作である。テーマは〈読む〉こと。それはどれほど爆発的な力をもっていることか。ルターは聖書を読むことでこの世界の秩序の無根拠を知った。彼の起こした〈革命〉(=宗教改革)はそこからこそ説明されうる。かくして佐々木は、文学こそが「革命の本体」であり、「革命は文学からしか起こらない」と断言するに至る(八〇頁)。この断言を、ルターはもちろんのこと、ムハンマド、更には佐々木がルジャンドルに依拠しつつ注目する中世解釈者革命を通じて確認していくのが本書の大筋である。その中途では、諸領域をまたがる溢れんばかりの知識が惜しげもなく披露される。なかでも本の出版数(ルターは四〇年間でドイツ語の本の三分の一を書いてしまった等々)や、文盲率(ドストエフスキーの時期、ロシアの文盲率は九〇パーセントを超えていた等々)の話は破天荒におもしろい。

とはいえ、内容をこのように要約するだけでは、本書を紹介するには不十分である。語り下ろしであるこの本の特徴は、何よりも佐々木の口調にある。これを佐々木の個性として理解し、分かった気になってはならない。佐々木は前著『夜戦と永遠』でラカンの難解さについてこう言っていた。ラカンの難解さはラカン的主体を生産するためのものである。その難解さに挑戦する長い過程を経て、読者はラカン的主体へと生成するのであり、そのためにあの難解さが設えられたのだ、と。同じことを佐々木の口調について言うべきである。佐々木は単に己の知識を伝えたいのではない。この口調を通って読者が〈革命〉の主体へと生成することを求めている。

唐突かもしれないが、評者はここでデカルトのことを思い起こさずにはいられない。デカルトによる神の存在証明の一つに、神の本質には存在が含まれているから神は存在している、というものがある（ア・プリオリな証明）。これだけでは我々は納得できない。もちろんデカルトにもそのことは分かっている。だからデカルトは、我々読者が神の観念についてゆっくりと省察し、この証明に納得できるような精神状態を自らの手で作り上げることを求めて、あの流麗なフランス語で思索を促すのである。

佐々木は現代の偉大なるデカルト主義哲学者ではないだろうか。彼の生き方、書き方はデカルトを彷彿とさせずにはおかない。彼は自分がこれまでどう生きてきたのかを語る。高校を三ヵ月で中退。大学入学後は、器用貧乏な「批評家」を生み出すだけの教養学部のシステムに嫌気がさす。ある時、美術・映画・テレビの鑑賞も、音楽活動も、スポーツ観戦もやめて、情報を遮断することを決意する。佐々木はこれを人に勧めるのではない。自分はそうしてきたと語るに留める。『方法序説』の著者もまた同じようにして自らの人生と哲学を語っていた。情報を遮断して本を読むことへと向かう姿は、すべてを疑い、小屋に閉じこもり、蜜蠟が溶ける姿を見ながら思索した哲学者に似ている。ルターを解説した佐々木の言葉、「本を読んでいるこの俺が狂っているのか、それともこの世界が狂っているのか」（五九頁）は、世に言われる確実性を信じられなくなったコギトの哲学者にそのまま当てはまるものである。

　論述の仕方にも並行関係が見出される。デカルトは分析的方法を好んだ。それは結果を切り分け、そこから原因へと遡ることで事柄を認識しようとする立場である。対象の十全な定義をあらかじめ立てるのではなく、与えられた結果から認識すべき対象へと向かう。佐々木も同様である。たとえば彼の国家論を見てみよう。佐々木はルジャンドルに依拠しつつ、国家の本質とは再生産＝繁殖を保証することにある、と言う（一四〇頁）。これはしかし、国家の「本質」というより、国家の本質より結果する諸帰結の一つである。これは国家の定義ではない。佐々木はむしろ、そうした諸帰結の一つから遡る形で国家に迫ろうとするのだ。佐々木は、マックス・ヴェーバーによる、暴力に力点を置いた国家の定義を批判しているが、それがなぜ批判されるのかと言えば、この定義が分析的ではなく、総合的だからである。原因から結果へと進む総合的方法（デカルトはこれを嫌った）においては、諸帰結のすべてを説明する定義が求められる。

実のところ『夜戦と永遠』でもこの分析的方法は変わらない。たとえば佐々木はラカンの言うシニフィアンを説明してこう述べていた。「何のことはない。シニフィアンとは単に、逆立ちした「充実した言葉」にすぎない」（七二頁）。これもまた、シニフィアンの定義から結果する諸帰結の一つを説明したものであって、その定義ではない。結果から事象へと遡ろうとする佐々木の方法は一貫している。

総合的方法では、見当違いの定義のせいですべてが誤って説明される危険がある。分析的方法では、結果に過ぎないものが本質と見まちがわれる危険がある。その点で佐々木の国家論には注意すべきだろう。彼自身、警戒心からか、なぜこの国家論が保守・反動と呼ばれるのか、その何がいけないのか、根拠を示して欲しいと声高に述べている（一四一頁）。この国家論が国家の一特性と本質とを取り違えているとしたら、そこから帰結するものは重大である。佐々木の側も、読者の側も、更なる検討が必要である。

佐々木の分析的方法は、読者への働きかけを目指す彼の口調と切り離せない。結果から遡る論述は、あらかじめ十全な定義を立てる論述よりも強く読者に働きかけることができるからである。本書にたいしては既に賛否両論が入り乱れているが、それは働きかけを目指すこの本にとっては栄光である。単なる情報の伝達とは異なる〈読むこと〉〈書くこと〉がこの本を通じて体験されることこそを佐々木は望んでいるはずである。

『文學界』二〇一一年一月号

3・11以後の世界で新しい学問をどう構想すべきか？

中沢新一『野生の科学』講談社

本書は二〇〇八年以降の中沢新一の論考を収録している。数学、人類学、民芸、原発……本書の多彩な話題を貫いているのは、3・11以後の世界で新しい学問をどう構想すべきかという鋭い問題意識に他ならない。中沢は原発事故の後、政治団体まで創設して積極的に活動してきた。本書を読みながら分かるのは、その活動を支える思想が原発事故の後に突然現れたものではないという事実である。

中沢の構想する新しい学問は「新構造主義」と呼ばれている。その基礎になるのは現代数学である。かねてより中沢は、別の階層にある意味を結びつける「喩」の機能（別々の対象を重ね合わせて新しい意味を発生されること）にこそ現生人類の言語の特徴があると主張してきた。現代数学はこの「喩」の機能に接近する分野を作り出しつつあるという。たとえば、14と5について、どちらも3で割ると余りが2になるという意味では「同じもの」だと考えるコホモロジーの分野がそれである。「数」の学はいま、人類の言語の奥深くにある構造に接近しつつあるのだ。

異なる階層間をつなぐこの働きは、ホフスタッターのベストセラー書『ゲーデル、エッシャー、バッハ』から借りられた「不思議な環」という言葉で説明されている。言語にとって「不思議な環」は当たり前の出来事である。現代数学はこれに接近しつつある。そもそも自然は「不思議な環」に満ちている。

ところが近代社会、それを支える近代の学問はこの「不思議な環」を押しつぶし、無視することで成立してきた。たとえば「贈与」という行為では、物が移動するだけでなく、礼儀や慣習などの複雑で決定不能な価値がその場を行き交い、それによって人と人が結びつけられる。しかし市場モデルで成り立つ社会はそれを単なる「交換」に還元してしまう。近代経済学は「交換」だけが正常な経済行為と考え、人間の行為の「贈与」的側面は無視している。

原発事故は近代文明の矛盾をまざまざと我々に見せつけた。「脱原発」の声はまさに民意として高まりつつある。だが「反対」を言うだけでは物事は進まない。新しい時代には新しい学問が必要である。本書はまだそのイメージを伝えているに過ぎない。しかしここには大きな一歩がある。

「共同通信」二〇一二年九月配信

自由と平等が両立する条件

柄谷行人『哲学の起源』岩波書店

本書は既に七〇歳を超える批評家柄谷行人の新刊である。とはいえこの本は少しも老いを感じさせない。それはそのテーマ故のことでもあろう。本書は古代ギリシア、しかもソクラテス以前の哲学者を論じている。柄谷氏がこれを論じたことは一度もない。つまり氏は、この本を書くために初歩の初歩から勉強せねばならなかった。蓄積してきた知識を精神的な余裕の態度で随筆に書き記すというのがしばしばみられる年長の著述家達の有様である。それに対し柄谷行人はただひたすら勉強する。

本書の特徴はソクラテス以前の哲学を、イオニアにあったイソノミアと呼ばれる政治体制の問題から総体的に論じたところにある。イオニアとは現トルコ領にあたるエーゲ海沿岸地域と付近の諸島のことで、前一〇世紀頃からギリシア本土より人々が移住し、哲学が栄えた。哲学と民主主義の起源はしばしば古代ギリシアのアテネに求められる。しかし、アテネでプラトンが始めた「哲学」は、イオニアの自然哲学を受け継ぎつつも破壊したピタゴラスに由来するものだ。またアテネの民主主義は、奴隷や外国人を搾取し、他の都市国家を支配することで実現されたものだった。政治や哲学の起源をアテネに求める見方は、イオニアの政治と哲学を見えなくしてしまう。

イソノミアとは、土地が余っていて移動が自由であるが故に、支配／被支配の関係が露骨に現れず、人々の自由と平等が両立している社会のことを言う。人を支配するためには移動の自由の制限が必要になる。明日からすぐに別の土地に行って生きていけるなら、人はブラック企業で働き続けたりはしない。移動の自由が確保されていると、普段ならば矛盾するはずの自由と平等が両立する。柄谷氏はそのような事例をイオニアの他、一八世紀の北米や二〇一一三世紀のアイスランドに求めている。

ただしイソノミアは目指そうと思って目指せるものではない。特定の条件がそろってはじめて可能になるに過ぎない。そこに疑問をもつ読者もいるだろう。だが、かつてイソノミアが存在したという事実は、我々に希望を与えてくれるのではないか。

『母の友』二〇一三年四月号

真に思想的な出来事

千葉雅也『動きすぎてはいけない――ジル・ドゥルーズと生成変化の哲学』河出書房新社

本書は二〇世紀フランスの哲学者ジル・ドゥルーズについての研究書だが、その論述は決して既存の研究書の域には留まらない。

注目されるのは、タイトルに現れる「…しすぎない pas trop」という表現ないし思想である。ドゥルーズをはじめとしたいわゆる「フランス現代思想」は、主体やら自我やら同一性やら秩序やら、要するに「常識」の範疇に属するものをすべて括弧に入れ、拒絶してきたかのように思われている。特にドゥルーズは、万物を「生成変化」の流れの中に溶かし込んでしまう思想家として受容されてきた。

しかし千葉がその繊細な手つきで明らかにしていくように、ドゥルーズは「程度」の問題を忘れていない。事物の同一性は疑われるけれども、その輪郭も大切にされている。むしろ千葉によれば、ドゥルーズの生成変化の理論に見出されるのは、事物そのものというよりも、事物同士の関係が変化する様である。その点を千葉は、「関係の外在性テーゼ」として明確に定式化する。

この「程度」の問題は、我々の日常の実践知に直結する。ある種の哲学理論は、人間の中に「純粋欲望の追求」を見出す。しかし、人間は実際には、いろいろなことをごまかしながら、なんとなく「仮のマネージメント」を行って生きている。千葉は、そうした我々のいい加減な生の姿から目を背けない。そして、精神分析などの高度な理論を縦横無尽に駆使してそれを記述するのだ。

これは本書が、日常の生を語りつつも、哲学の通俗化には陥らず、むしろ哲学そのものの中に、新しい論述の水準を創造していることを意味する。そこでは、ヒュームの哲学が解離性同一性障害論として語られ、ドゥルーズの名が「浜崎あゆみ」や「イソギンチャク」と並ぶ。

本書におけるすぐれた哲学研究と実践知の融合は、新しい論述水準の創造、つまりは新しいことばの創造によって可能になっている。その意味で本書の登場は真に思想的な出来事である。多くの方にこの出来事に立ち会っていただきたい。

「日本経済新聞」二〇一三年一一月一七日付

言葉にできない存在の手触り

石原孝二編『当事者研究の研究』医学書院

「当事者研究」とは北海道の「浦河べてるの家」で始まった、精神障害からの回復メソッドである。精神障害の「当事者」が、自らの体験を複数の聴き手と共に語りあい、自分の中で起こっていることを「研究」する。これはべてるの家を設立した向谷地生良と、「爆発」を繰り返していた統合失調症の河崎さんとのやり取りの中で始まったものだという。

「爆発」とは、親を殴る、自宅に火を付けるなどの突発的な問題行動を指す。この問題行動について聞くと人は憤慨するであろう。それに対し向谷地氏は、この「爆発」に最も傷つき困惑しているのは本人なのだと言う。にもかかわらず、本人は事の重大さ故にそれを表明できないのだ、と。

だから一度心の重りを外してみる。つまり免責する。すると本人は、自分ではやりたくもないのに、なぜかこれをやらされてしまうと口にする。この地点に到達できれば、「なんでこんなことが起きるのだろうね」と研究が開始できる。この過程を経て、本人は引責できるようになるという。

精神障害の当事者はこれまで医学によって説明される客体だった。当事者研究は、そのことによって当事者から、悩み、苦労する機会が奪われてきたと考える。つまり「苦労を取り戻す」ことを目指すのだ。

苦労を取り戻せない限り、精神障害の当事者は自分の中で起こっていることを自分の言葉で表明できない。それどころか、本当にそれが起こっているのかすら分からなくなる。その経験のつらさと、そこからの離脱がもたらした「自己感」——三〇歳を過ぎて「自閉症スペクトラム」と診断された経験をもつ綾屋紗月は、ほとんど文学と言ってよい筆致でこれを語る。

脳性まひをもつ熊谷晋一郎は自らの経験に照らしつつ、当事者研究の秘密を、「私の身体はこのような作動をするだろう」との予測モデルの再構築に見ている。しかも熊谷は、他者によって与えられる傷こそがその再構築をもたらすのだと言う。この仮説はどこか新しい哲学の到来を予感させる。

本書が描き出すのは、どこかで誰かがやっている実践ではない。我々が日常の中で体験しながらも言葉にできない存在の手触りのようなものだ。ぜひ多くの人に手にとって欲しい。

『母の友』二〇一三年六月号

「他人事とは思えない」事件から

杉山春『ルポ虐待——大阪二児置き去り死事件』ちくま新書

二〇一〇年七月に起きた大阪二児置き去り死事件は社会に衝撃を与えた。一五平米ほどのワンルームマンションの中で三歳の女の子と一歳八ヵ月の男の子が変わり果てた姿で見つかった。子どもたちは猛暑の中、クーラーのついていない、ゴミが堆積した部屋の中で、服を脱ぎ、折り重なるように亡くなっていた。遺体の状況はここに書き写すのが憚られるほどにひどいものだった。

母親が風俗嬢だったこと、子どもを置き去りにして遊び回っていたことが報じられた。もちろん母親を非難する声があった。だがそれだけではなかった。本書では、事件現場となったマンションを訪れ、その前にお菓子を置いて両手を合わせる女性たちの声が紹介されている。「他人事とは思えない」。彼女たちはそう口にするという。

杉山氏が丁寧に記述していくのは、この母親が実に長い時間をかけて、周囲に助けを求めることができない精神状態、そして生活環境へと追い込まれていく過程である。おそらく多くの人が「子どもを置き去りにしたのは、子育てという現実から眼を背けたかったからだろう」と想像する。それは間違いではない。だが、本書から見えてくるのはより複雑な事態である。

彼女は子どもを抱いている時、まるで自分が抱かれているような感覚を得ていたという。彼女は子どもに「共感」するのではなく、そこに自分自身を見ていた。その彼女は、自らがネグレクトの被害者である。彼女は幼い頃から放置されて生きてきた。だが、そのことをよく記憶していない。人はあまりにもつらい出来事に出会うと、それを記憶から消し去ることで生き延びようとする。

彼女にとって、助けてくれる人が周囲に誰もいない二人の子どもたちに直面することは、懸命に記憶から遠ざけてきた自分の過去を受け入れるということだった。彼女は裁判で、子どもの元に戻らなかったのは二人が嫌だったからではなく、二人の周囲に誰もいないというその状況が嫌だったからだと繰り返し述べている。自分が放置されていた事実を受け入れられないが故に、自分の子どもが放置されている事実を受け入れることもできなかったのか。

つらい事件であり、目を背けたくなる。だが本書を読み進める中で読者は、なぜこうした事件が起こってしまったのかを考える方向へと導かれる。虐待、子育て、家族、労働、福祉、社会……この事件、そして本書から考えていかねばならない課題は本当に数多い。一つだけ、杉山氏の大切なメッセージを引用しておきたい。「周囲の期待を敢えて無視すること。それは、時にはわが子を守ることである」。

『母の友』二〇一三年一二月号

ブックガイド——二〇一四年の日本を生き延びるための三〇タイトル

1．浦田一郎、前田哲男、半田滋『ハンドブック 集団的自衛権』、岩波ブックレット、二〇一三年

集団的自衛権については、とりあえずこれを読めばＯＫ。その歴史も概念も問題点も分かる。自衛権という概念そのものが実は二〇世紀に出来た新しい概念。それを知るだけでもかなり面白い。

2．フランツ・ノイマン『ビヒモス——ナチズムの構造と実際 1933-1944』、みすず書房、一九六三年

一九三三年のナチス体制の確立を、おどろおどろしい独裁者が政治を牛耳ったこととしてイメージするのでは事態の本質を見誤ることになろう。その体制は、内閣に立法権を与える法律（全権委任法）によって確立された。すなわち、行政が法律を制定できる体制、これがナチス体制である。言い換えれば、行政がルールを決められるようになることほど恐ろしいことはないのである。一九四二年に出版されたノイマンのこの本は、その経緯を同時代の分析とは思えないほど精緻に行っている。

3. 林健太郎『ワイマル共和国——ヒトラーを出現させたもの』、中公新書、一九六三年

結論部を引用する。「ナチスを支持した多くの人々が彼らの悪魔的性質を見誤っていたというのは事実だろう。ドイツ国民はたしかに権威服従的ではあったが、決してすべてが無法者を好んでいたわけではないからである。しかし彼らは目前の苦境に追われて、社会と人間の存立のために最も重要なものが何であるかを認識することを忘れた。そしてそれを破壊するものが民主主義の制度を悪用してその力を延ばそうとする時には、あらゆる手段をもってそれと闘わねばならぬということを知らなかった。それがヒトラーを成功させた最大の原因である」（二〇七頁）。

4. ハンナ・アレント『全体主義の起原 1 ——反ユダヤ主義』、みすず書房、一九七二年

『全体主義の起源』は全三巻であるから、全部読むのがもちろん望ましいが、まずはこの一冊目だけでもいい。アレントは、十九世紀以降の反ユダヤ主義は、宗教的なユダヤ人憎悪とは全く別物だと言っている。またアレントは、ユダヤ人自身が抱いた、「ユダヤ人憎悪というものを謂わば強制的な民族保存の目的に利用し得るかもしれないという奇妙な考え」にも言及している（九頁）。ゆっくりと慎重に読み進める必要がある。

5. ハンナ・アレント『暴力について——共和国の危機』、みすず書房、二〇〇〇年

アレントはもう一冊挙げておかねばならない。こちらは論文集である。政治における秘密が昨年来問題になっている。ベトナム戦争時のアメリカ政府の政策決定過程を暴露した秘密文書「ペンタゴン・ペーパーズ」を分析した論文「政治における嘘」は、まさしく政治における嘘と秘密を考える上での必読文献。表題論文の「暴力について」に関しては、私はその概念構成について哲学的に些か疑問を持っている。但しこれもまた読まれるべきものであることに変わりはない。

6. 早尾貴紀『ユダヤとイスラエルのあいだ——民族／国民のアポリア』、青土社、二〇〇八年

アレントとイスラエルの関係は実に微妙である。アレントはイスラエルが「ユダヤ人国家」になることには批判的であったが、一時期はユダヤ人移民をパレスチナに移送する活動をしていたし、ユダヤ人のパレスチナ／イスラエルへの移住の権利を否定したことは一度もない。第三次・第四次中東戦争の際にはイスラエルの勝利を祝っていたとも伝えられている。パレスチナ問題そのものが極めて複雑であり、そこにアレントの思想的立場が絡むや複雑さは飛躍的に増す。本書はこの複雑な問題を実に見事に整理して論じたものである。アレント自身の著作と合わせてぜひ読んで欲しい。

7. カール・シュミット『独裁——近代主権論の起源からプロレタリア階級闘争まで』、未来社、一九九一年

「法を無視はするが、それはただ法を実現するためにほかならない、という点を本質とする独裁」について考察した書物だが、一応言っておくと、シュミットはそのような独裁の必要性を認めているのである。だから、注意して読まねばならない。しかし、そういう書物だからこそ、独裁というものの本質を知ることができる。シュミットの言う「主権独裁」は、「憲法が真の憲法としての姿でありうるような状態」を作り出すために、「現行憲法にではなく、招来されるべき憲法にもとづく」ものとして行われるのだという（一五七頁）。こうしたもっともらしい理論に惑わされないためには、その理論についてあらかじめ知っておかねばならない。

8. フリードリヒ・マイネッケ『近代史における国家理性の理念』、みすず書房、一九七六年

政治学でも勉強していなければ、「国家理性」という言葉は聞き慣れないかもしれない。これは近世のヨーロッパに広まった考えで、国家の存在を至上のものとし、すべてのものが国家の維持・強化に従属しなければならないとする国家の基本原理のことを指す。有り体に言えば、国家を救うためならば法を破ることすら許されるという考え方のことだ。マイネッケは一九二〇年代のドイツでこの概念の系譜を徹底的に研究した。その背景には第一次大戦という破局の存在があった。政治哲学者の大竹弘二氏は連載中の論文「公開性の根源」の中で次のように指摘している。「マイネッケの著作は大戦をひき起こすことになった権力政治の系譜学であり、純粋な思想史研究の書というよりは、彼の同時代の政治的惨禍に対する応答に他ならない」(「公開性の根源」、連載第四回、『ａｔプラス』一四号、太田出版、一五三頁)。第一次大戦開戦から一〇〇年。いま世界状況は大戦勃発時のそれにも似てきていると盛んに言われている。今こそ改めて読まれるべき古典である。

9．マルク・ブロック『封建社会』、岩波書店、一九九五年

グローバル化する現代にあっては、国家主権がその決定権を失いつつあるように思われる。法律の遵守よりも経済的な要請への迅速な対応こそが求められるようになっているからである。いま改めて考えるべきは、近代国家はいかなる課題を背負って登場したのかである。この点を考察するためには、近代国家の前史である封建社会がいかなるものであったのかを真面目に勉強する必要がある。それにしても、この本、値段が高すぎる。岩波書店はこの本をはやく岩波文庫に入れるべきだ。

10. フリッツ・ケルン『中世の法と国制』、創文社、一九六八年

立法権というのは近代に入って確立された新しい概念である。古代より、司法も行政も存在した。しかし立法権はなかった。では中世にはどうやって法を作っていたのか？ 中世では、「新しい法を制定する」とではなく、「法が発見された」と考えたのだという。近代国家が獲得した立法権という概念を十分に理解するためには、それ以前の法概念について知っておくことが重要である。読みやすくおもしろい。

11. レオ・シュトラウス『自然権と歴史』、ちくま学芸文庫、二〇一三年

哲学が始まったのは「自然の発見」が為された時である。しかし「自然の発見」とは何か？ 自然を「現象の総体」として考える限り、その意味は理解できない。「自然の発見」とは、自然であることと不自然であることの区別の発見であり、「自然」とは区別を表す言葉なのである。どういうことか？ 「自然の発見」以前の社会では、ある集団の慣習はその集団のメンバーにとって自然なものと受け止められる。たとえば、男女の役割があらかじめ決められていることは、オス犬が片足をあげておしっこすることと同じように自然なことと受け止められるのである。「自然の発見」とは、どこにいってもオス犬は片足をあげておしっこするけれども、男女の役割はどこにいってもあらかじめ決められているわけではないという事実を発見することである。全部をじっくり読む必要があるが、まずは第三章「自然

権観念の起源」を熟読されたい。

12. ホッブズ『リヴァイアサン』第一巻、第二巻、岩波文庫、一九九二年

近代国家論の出発点であり、また近代政治哲学を創始した書物。岩波文庫では全四冊だが、さしあたりはこの二冊でよい。また、冒頭は情念論などが続いていておもしろくないかもしれないので、その場合には第一三章から読み始めればよい。この第一三章の自然状態論は強力な説得力を持っている。人間の能力はだいたい同じで、能力は平等である。するとそこから、「あいつがあれを持っているなら、俺も持っていていいはずだ」という「希望の平等」が生じる。更にそこから、「俺が持っているものを、あいつも希望しているかもしれない。あいつはこれを分捕りにくるかもしれない」という疑心暗鬼が生じる。そうすると「やられる前にやる」となる。ホッブズによれば、平等だからこそ無秩序が生じるのだ。不平等だと、誰が誰に従うべきかが自明だから無秩序にならないのである。

13. スピノザ『神学・政治論』上下巻、光文社古典新訳文庫、二〇一四年

スピノザはホッブズの政治哲学に基づきつつも、その概念のロジックを徹底することで自らの政治哲学を作っていった。ホッブズは自然権の放棄によって国家が作られるとしたが、スピノザによれば、自然権とはそもそも自然によって与えられた能力のことなのだから、捨てようがない。そこを出発点にして、スピノザはホッブズとは別の政治哲学を作り上げていく。全体の約三分の二を占める聖書論・宗教論はいきなり読んでも面白くないかもしれないので、まずは第一六章を読んでみるといいだろう。なお、吉田量彦氏のこの翻訳は、近年の哲学文献の翻訳において、文句なしの一番の出来。偉業。

14. 福岡安都子『国家・教会・自由――スピノザとホッブズの旧約テクスト解釈を巡る対抗』、東京大学出版会、二〇〇七年

スピノザとホッブズを合わせて読むならば、是非とも手にとってもらいたい研究書。固い本だが、決して読みにくくはない。当時のオランダ社会の宗教的寛容の雰囲気が実に見事に描かれている。宗教的寛容と言っても、「ここら辺までは許すが、ここからは地下でやれ」みたいないないろいろな事情がある。そういう雰囲気が分かる。

15. カント『永遠平和のために』、岩波文庫、一九八五年

平和論の古典で世界史の教科書にも載っているらしいが、意外に読まれていない。本書は、世界市民的体制の確立に向けて遵守されるべき六つの予備条項と三つの確定条項からなる。ここでは第一の確定条項「各国家における市民的体制は、共和的でなければならない」を紹介しておこう。カントによれば、民主制=民衆制では、全員が支配に参加する。だから、立法と執行（行政）が完全に重なり合うことになってしまう。これはあり得ないし、そもそも専制的であらざるを得ない。カントによれば、政体は常に代議制でなければならないのである。するといったい民主制あるいは民主主義とは何を意味するものと考えればよいのだろうか。平和論としてのみならず、政体論としても興味深い著作である。

16．白井聡『永続敗戦論——戦後日本の核心』、太田出版、二〇一三年

「敗戦」を「終戦」と呼んだ時より始まった、日本の敗戦の否認。それがもたらした矛盾。現在の日本の政治家達を支配している情念と、その背景を理解するための必読文献。たとえば次の一節。「安倍首相の発言の非論理性・無根拠性は、悲惨の一語に尽きる。なぜ憲法九条がなければ拉致被害を防ぐことができたと言えるのか、そこには一片の根拠もない。現に、中国や韓国は「平和憲法」を持っていないが、拉致被害の発生を防ぐことはできなかった。この発言の無根拠性を自ら意識していないのだとすれば、首相の知性は重大な欠陥を抱えていると判断するほかない。逆にそれを承知でこうした発言を行っているのだとすれば、首相の「拉致問題解決への意欲」と評されてきた姿勢の本質は、被害者の救済を目指すものではなくこの問題の政治利用にこそある、と見なさざるを得ない。言うまでもなく、こうした姿勢は、拉致被害者とその関係者に対する侮辱にほかならない」（一一八－一一九頁）。

17．原武史『滝山コミューン一九七四』、講談社文庫、二〇一〇年

「郊外の団地の小学校を舞台に、自由で民主的な教育を目指す試みがあった。しかし、ひとりの少年が抱いた違和感の正体は何なのか。「班競争」「代表児童委員会」「林間学校」、逃げ場のない息苦しさが少年を追いつめる。三〇年の時を経て矛盾と欺瞞の真実を問う渾身のドキュメンタリー」。――ある団地の小学校を通じて描かれる「戦後民主主義」の本質。私はこの雰囲気を少しだけ知っている。それは今に至るまで様々な影響を及ぼしている。飛躍していると思われるかもしれないが、現在の政府を貫く〈戦後憲法体制に対する憎悪〉は、これへの反作用なのだ。戦後の七〇年が作り出したのは、結局、いまの政府を構成している、ああいう人たちだったのだという認識が必要であり、そのためには「一九七四」年に何があったのかを知らねばならないのである。

18．福田和也『総理の値打ち』、文春文庫、二〇〇五年

歴代の首相に百点満点で点を付けるという福田和也氏ならではの試み。端的に日本の近代史の勉強になる。もちろん、評価には非常にバイアスがかかっている。だからそういうものとして読めばよい。そしてその後で、今日の新聞を読んで、今の総理について考えてみるのである。

19．奥平康弘、木村草太『未完の憲法』、潮出版社、二〇一四年

「立憲主義」という言葉をこれほど日常的に目にする社会とはいったいどんな社会なのだろうか？　立憲主義というのは憲法がある国家においては当たり前の原則であって、それが日常的な話題になること自体が異常である。いま私たちはそういう社会を生きている。日本を代表する憲法学者の奥平氏と新進気鋭の若手憲法学者、木村氏の対談。読みやすい。

20．水野和夫『資本主義の終焉と歴史の危機』、集英社新書、二〇一四年

今、アベノミクスの名の下に景気対策がやたらと喧伝され、景気回復が至上命題であるかのような雰囲気が作り出されている。だが水野氏はこんな事実を指摘している。現実には二〇〇二年から二〇〇八年にかけて、戦後最長の景気回復があったにもかかわらず賃金は減少した（一一四―一一五頁）。実際、あの時期について「景気が回復した時期だった」と実感をもって答えられる人がどれだけいるだろうか。つまり現在の資本主義の局面においては、経済成長と賃金の分離が起こっているのである。つまり、景気がどれだけ回復しようと私たちの生活とはほとんど関係がないし、それどころか賃金を抑えつけることで経済成長が達成されるという可能性すらあるのである。水野氏はこうした現実を歴史的パースペクティヴの中で論じており、非常に説得力がある。

21．関口存男『関口・初等ドイツ語講座』、上中下巻、三修社、二〇〇五年

現代は語学が実に軽視されている。語学こそは高等教育の基礎ではないだろうか？　関口存男先生は一九五八年にお亡くなりになった日本を代表するドイツ語学者である。もう随分と昔の人だが、関口先生の教科書は今も使われている。関口存男著作集というのがあるのだが、そこには関口先生がお書きになった教科書が収録されている。語学の教科書がいわば作品になっているということである。そういう教科書が書かれなければならないのだ。本当は英語やフランス語についてもこういう本を紹介したいのだが、なかなか見つからない。いずれにせよ、この教科書で勉強すれば、他の語学にもそのやり方が応用できよう。

22．中原道喜『新マスター英文法』、聖文新社、全面改訂版、二〇〇八年

受験参考書だなどと侮ることなかれ。英語を勉強する際に体系性の理解がいかに重要であるかを教えてくれる書物。とにかく最近は文法を理解するということがおろそかにされている。それが思考力を決定的に低下させている。この本の練習問題を最初から最後まで毎日やる。説明を何度も何度も読む。そうすれば、頭の中に英文法の立体像が作られる。

23．石原孝二編『当事者研究の研究』、医学書院、二〇一三年

「当事者研究」とは北海道の浦河べてるの家で始まった、精神障害からの回復メソッドである。精神障害の「当事者」が、自らの体験を複数の聴き手と共に語りあい、自分の中で起こっていることを「研究」する。論文集だが、その中から二つだけを紹介したい。ほとんど文学と言ってよい筆致で「自己感」の問題を語る綾屋紗月の論考「当事者研究と自己感」、他者によって与えられる傷が自らの身体を生きる可能性を与えるかもしれないという「危険」な仮説を論じた熊谷晋一郎の論考「痛みから始める当事者研究」はまさに必読。この本には、新しい哲学の到来を予感させる何かがある。

24．上岡陽江、大嶋栄子『その後の不自由――「嵐」のあとを生きる人たち』、医学書院、二〇一〇年

アルコール依存や薬物依存にどんなイメージをお持ちだろうか。もちろんいろいろな事例がある。けれども、幼い時から繰り返された過酷な経験（虐待等）によって、日常生活を日常生活として生きることそのものが困難になってしまった人が、その苦しさから逃れるためにアルコールや薬物に手を出す事例が数多く存在することは知っておかねばならない。生きることの困難からどう回復していけるか。本書はダルク女性ハウスという、薬物・アルコール依存症をもつ女性をサポートする施設での様々な経験をもとに書かれたものだが、そこで得られた認識は普遍性を持っている。『当事者研究の研究』と合わせて読むとよいだろう。

25. 二村ヒトシ『なぜあなたは「愛してくれない人」を好きになるのか』、イースト・プレス、二〇一四年

まずは、二五六頁の山本直樹氏のイラストを見てほしい。それを見れば、この本がどんな人のために書かれているのかがすぐに分かる。恋愛系の自己啓発本に見えるかもしれない。しかし、ここには生きづらさを巡る、ほとんど哲学的と言ってよい考察がある。「耐えることは愛じゃない」(三二頁)。そう、それは分かっている。しかしなぜ人はそれを繰り返してしまうのだろうか。恋人との関係というのは重要である。それは人生を左右する。しかし結婚と違って公的な関係ではないので、周囲はあまり口出ししない。また私たちは恋愛についてどこかで学ぶということがない。人生を大きく左右するものであるというのに。だからこそ、恋愛について勉強しておかねばならない。

26. 國分功一郎『哲学の先生と人生の話をしよう』、朝日新聞出版、二〇一三年

こういうリストで自分の本をあげるのはやや気が引けるが、二村ヒトシさんの本とぜひ合わせて読んでもらいたいのであげておく。人生相談本。ちょっとした工夫があれば切り抜けられることというのが人生にはたくさんある。それを知っておくだけで生きるのはとても楽になる。参考にしてもらいたい。

27. 猪熊弘子『「子育て」という政治——少子化なのになぜ待機児童が生まれるのか?』、角川SSC新書、二〇一四年

なぜ小学校に入れない子どもはいないのに、保育園に入れない子どもがこんなにいるのだろうか? おかしな話である。猪熊さんは日本で一番保育のことを知っているジャーナリストだ。ここに詰め込まれた知識こそ、「保育を受ける権利」を行使するための武器になる。弱い立場にいる人間にとって、最大の武器は知識である。

28. 村上稔『買い物難民を救え!——移動スーパーとくし丸の挑戦』、緑風出版、二〇一四年

徳島で始まった移動スーパーの試み。しかし本書から学べるのは、単に移動スーパーのノウハウだけではない。村上さんは「とくし丸」の経験を通じ、日本社会がいまどうなっているのか、これからどこへ進むべきなのかを教えてくれる。しかもそこには感動と笑いがある(本当に、読みながら何度も吹き出した)。何かがおかしいと思っている人、何かをやりたい、はじめたい人、そんな人たちすべてに心の底からお勧めする。

29. 水口剛『責任ある投資——資金の流れで未来を変える』、岩波書店、二〇一三年

「社会をよくする」というと私たちは漠然と政治のことを考える。しかし、社会をよくするどんなアイディアもお金がなければ実現できない。ならば、お金の流れが変われば社会も変わるはず。たとえば、社会や環境に配慮した活動をしている人々に資金を援助する。非人道的な活動をしている企業は投資の対象から除外する。こうした思想はこれまで「社会的責任投資」という形で実践されてきた。だが、本書で水口氏が紹介するのはそれよりも更に踏み込んだ思想である。投資が社会や環境に及ぼす影響は甚大であり、金融市場が動かす資金は厖大である。ならば、そもそもすべての投資判断が、儲かる・儲からないという利益計算だけでなく、社会や環境への配慮のもとになされるべきではないか？　これが「責任ある投資」の考え方である。本書を読むと読者は、「金融」「投資」「責任」といった言葉のイメージの大きな変更を迫られるであろう。それはここに新しい思想が書かれているからである。是非手にとっていただきたい。

30．國分功一郎『暇と退屈の倫理学　増補改訂版』、太田出版、二〇一五年

自分の本を二冊もリストに入れてしまったが、多くの人に読んでもらいたいと思って本を書いているのだから、どうしてもリストに入れたくなってしまうのである。この本はたくさん本を紹介している。ぜひ、一冊の読書リストとしてもこの本を利用してもらいたい。

タンブラー「MATINÉE PHILOSOPHIQUE」二〇一四年

Ⅲ

民主主義にはバグがある——小さな参加の革命

山崎亮×國分功一郎

山崎亮（やまざき・りょう）
一九七三年、愛知県生まれ。大阪府立大学大学院および東京大学大学院修了。博士（工学）。studio-L 代表。東北芸術工科大学教授。著書に『コミュニティデザイン』（学芸出版社）、『コミュニティデザインの時代』（中公新書）、『まちの幸福論』（NHK出版）、『ふるさとを元気にする仕事』（ちくまプリマー新書）など。

住む人が決定に関われないのに「民主主義」

國分　今日は来るべき時代の社会参加の方法について、コミュニティデザイナーの山崎さんとお話をしたいと思っています。山崎さん、よろしくお願いします。

山崎　こちらこそよろしくお願いします。

國分　まずは、僕が関わっている住民運動の話から始めさせてください。

僕が住んでいる小平市の鷹の台では、都道3・2・8号線という道路の建設計画が進んでいます。四車線・幅三六メートルの大きな道路で、もともと五〇年ほど前に計画されていたんですが、いつの間にか、立ち消えになっていました。しかし、なぜか二〇〇〇年前後に突如として計画が復活してきたんです。予定地の横には府中街道という大きな道路があるので、そっちを整備すればいいのに、新しく道路をつくるという、なんとも不可解な話です。建設予定地には、玉川上水遊歩道や小平中央公園の雑木林など、市民の憩いの場になっている緑があります。道路はその雑木林と玉川上水、更には、その南北に位置する大きな住宅地を貫通するよう設計されています。伐採される木は四八一本、約二二〇世帯が立ち退きとなります。

計画もひどいのですが、驚いたのは計画を地元住民に説明する「説明会」なんです。これは事業主である東京都が開催したものですけれど、その場に行くと、豪華な巨大スクリーンで、この道路がいかに必要かを説明するビデオを見せられるんですよ。

そしてその後の質問コーナーが、本当にひどい。「質問への答えに対する再質問は禁止します」というルールを都の職員が勝手に設定するんです。つまり、都の職員から質問への答えを得ても、それに対して「でもこうじゃないですか？」とか「この点はどうなんですか？」とか聞き返すことが許されない。要するに「対話する気はありません」ということですね。

山崎　すごいことになってますねえ（笑）。

國分　ほんと、そうなんです。僕は、強烈な虚脱感に襲われました。僕らは民主主義と言いながら、実際には、行政が決めることに対して何の口出しもできない。そんな世の中に生きているんだということに気づかされました。

山崎　どうして、そういう矛盾が出てきてしまうんですか。

國分　民主主義とか言っているけど、僕らが実際にできること、僕らに許されていることって、数年に一回、選挙に参加すること、つまり、議会に代議士を送り込むことぐらいですよね。議会というのは立法府ですから、大雑把に言えば、僕らに許されているのは立法権に間接的に関わることだけだということです。

では、立法権にしか関われない政治体制が、なぜ「民主主義」と呼ばれているのか？　それは、政治的決定を下すのは立法府であり、行政はそこで決められた物事を粛々と実行する執行機関に過ぎないという建前があるからです。立法府で全部決めることになっているのだから、人々が立法府に関わることができれば、その関わりがどんなに不十分であれ、「民主主義だ」ということになってしまうんです。

でも、これって本当に建前に過ぎませんよね。この都道もそうですけど、実際には政治に関わる多くのこと、あるいはほとんどのことを決めているのは立法府ではなくて、行政機関です。行政の官僚が「こういう制度を作りたい」と言って、国会がそれを承認する。役所が「こういう予算にしたい」と決めて、地方議会がそれを承認する。立法府は基本的に「承認のための機関」なんです。だけど、さっき言った建前があるから、住民が行政に関われなくても、「あなたたちは決定機関である立法府に関わっているじゃないですか。これが民主主義ですよ」ということになってしまう。

山崎　なるほど。

國分　今回のケースでは、東京都の進め方があまりにひどいので、住民投票をやろうということになりました。必要な署名数を集めて住民投票条例の制定を直接請求しました。ちょうど三月七日に小平市議会の特別委員会でそれが可決されたんです［※対談が行われたのは二〇一三年三月一八日。この後、三月二七日に市議会の本会議で条例案は可決される］。住民の直接請求で住民投票が行われるのって、東京都では初めてなんですよ［※小平市の住民投票はその後、実施の運びとなる。詳しくは、本書一五九頁からの村上稔氏との対談、また拙著『来るべき民主主義――小平市都道328号線と近代政治哲学の諸問題』（幻冬舎新書、二〇一三年）を参照していただきたい］。

ただ、住民投票には法的な拘束力はありません。諮問型といって、あくまでも住民の意見を聞くためのものなんです。とはいえ、実施されれば相当なインパクトはあると思いますが。

住民投票に法的な拘束力がないことは国も問題視していて、二年前には総務省が住民投票に法的な拘束力を持たせるための地方自治法の改正案を作ったりもしています。対象を大型公共施設に限っているのですが、これは画期的な法律だったと思います。

けれどこの法案は、全国の首長と地方議会議長からなる「地方六団体」と呼ばれる組織の猛反発によって潰されてしまいました。「日本は議会制民主主義をとっており、この法案は、議会制民主主義を根幹から揺るがす」というのがその理由だったそうです。

地域のことをその地域に住む住民が投票によって決めるというのは、政治制度をより民主的にすることに繫がると思いますが、それが「議会制民主主義」の名の下に否定されたわけです。議会制民主主義が反民主主義的たりうることを示す、こんなに分かりやすい例はないでしょうね。

山崎 総務省が住民投票に法的な拘束力を持たせようぜと言ったのに、知事たちが反対したっていうのは、なんなんでしょうね。

僕が関わったプロジェクトには道路問題はまだありませんが、近いところで言うとダムの建設問題がありましたね。ダムはダムで、ややこしい人もいるし、ややこしい仕組みもある。

國分 山崎さんは、住民自身が住んでいるまちのことをきちんと話し合って決めるために、「コミュニティデザイン」という方法でそれを実践されていますよね。自らはファシリテーターという役割を担い、住民のワークショップのサポートを行い、そこで出たアイデアをうまくとりまとめて「これは自分たちの作ったアイデアだ」という実感が持てるようなものにしていく。そして、それに基づいてコミュニティづくりをしていくという。

山崎 そうですね。自分たちのまちのことを、誰かにお任せしてしまうんじゃなくて、自分たちで考えていこうよという状態をつくるのが、コミュニティデザインのかたちですね。

ただ、國分さんの話を受けて言うと、住民参加のワークショップにも、政治的な決定権はないんですよ。住民と行政とで決めたことを、議会がＯＫと言わないと施行されない。だけど、「もうその方向以外には考えられない！」という状態に持っていくということは、よくやりますね。

一方、『まちの幸福論』の中に書きましたが、すでに日本の人口はどんどん減っていて、人がたくさん住んでいるところがモデルケースだった時代は終わってしまいました。だから、これからは人口が少ないところで何が起きているかを見ていかなきゃいけない。こうした地域を、僕は「人口減少先進地」と言っています。

國分　過疎地域がモデルケースになる、ということですか。

山崎　人口の規模が小さいところって、住民と行政、議会の関係が直接民主制に近い状態に持っていけるんですよ。だから、けっこう先進的なことができる。

関わった地域で言えば、人口が二三〇〇人の島根県の海士町《あまちょう》で、住民八〇人が行政と一緒に総合計画を作ったことがあります。住民の意見を行政の各課のアイデアに織り込んで、「これからの一〇年間、海士町の役場と町民は何をしますか」という計画を決めたんです。

國分さんのお話の通り、最終的には議会に信を問わなければいけません。ただ、議員はみんな、計画をどういうふうに作ったか、誰が参加しているかをわかっているので、反対する理由がない。自分を選んでくれた住民が話し合って決めた総合計画を、議員が「そりゃけしからん」と言うわけにはいかないからです。総合計画は、全会一致で承認されました。

この構図はおもしろいなと思う一方で、人口が少ないところだからこそ生まれた力関係なのかな、とも思います。海士町ぐらい小さいと、とくに誰かが何かしようとしなくても、本来あり得べき住民参加の形ができてきます。それが小平市ぐらいの規模になると、急に政策決定の内実が見えなくなってしまうんでしょうね。

行政と正面衝突しない知恵

國分　山崎さんはご著書で、役所の中にも、住民と一緒になってやっていこうというアツい行政職員がいるというお話をされていますね。

山崎　いますねえ。おもしろくて、熱い人がいますね。でも、その人たちは評価の対象になりづらい。アツい人ほど窓際にいる気がします。

國分　そうでしょうね。小平市のことで言うと、市役所からは「この住民投票の結果を東京都に送付したら、それで市の役割は終わりです」って言われましたからね。

山崎　すごくやる気ないですねえ（笑）。

國分　でもこれ、怒っちゃいけないないと思ったんですよ。つまり、役所はやり方を知らないんです。住民の話を聞きながら一緒にやるという経験がないから、「どんなクレーマーが来るんだろう」と、びくびくしちゃうんだと思うんです。

行政に物申すときには、そのことを念頭に置いたうえで、「僕たちはクレームを言いたいわけじゃなくて、提案がしたいんです。提案して一緒に考えたいから、その場所を作りませんか」というスタンスが必要なのだと思います。そうしないと、住民運動は難しいです。だから今回の道路建設問題では、あまり「反対、反対!」とは言わないようにしているんです。

山崎 それはとてもいいことだと思いますね。提案であることを行政の人たちに理解してもらうことはすごく大事だと思います。

僕も、「行政がクリエイティブなことはできない」とか、「杓子定規だ」とか言っていてもこの仕事ってできないだろうなあと思って、二〇〇六年から二〇一一年まで、五年ぐらい研究職として兵庫県庁に関わったことがあるんですよ。自分の事務所を運営しながら、週三日で研究に携わりました。

國分 そうなんですか。

山崎 そのときに感じたんですけど、行政の仕組みって、本当に大変なんですよね。旅行命令簿とか決済書類とか、最高に面倒くさい。何で研究職がこんなことをやらなきゃいけないんだというくらい、泣きながらいっぱい書き直しましたねえ(笑)。

ですから、そんな身動きが取りづらい場所で働いている行政職員たちがいるんだということを、きちんと理解する必要がある気がします。「何で行政がそんなこともできねえんだ」と批判するだけだと、「わかっていない人が言ってるだけよね」と思われて、「もう聞きたくない」となってしまう。そんなとき、行政システムは〝蓋を閉じればいいだけ〟という仕組みになっているんですよ。

國分　「行政は貝みたいな存在だ」って書いてましたね。

山崎　そうなんです！　つついたらバシャッと殻を閉じちゃう。閉じてしまったら、後からいくらつついても開かない仕組みになっている。だから、むしろおだてないといけないんですよ。気持ちよくしてあげなきゃいけない。おだてて、すべてのプロセスはあなたのおかげですと。あなたの成果ですと言いたい。

これは別に、自分たちの思いを通したいからじゃなく、そういう人に出世してもらわないと困るんですよね。だから、僕らがやったことを全部その人の手柄にしたい。その人の手柄として、議会やメディアに出したい。行政の中からそうしたことができないなら、外側から少しずつアツい行政職員が評価されるシステムを作っていかないといけないと思うんです。

だから、國分さんの言うように、「反対！」と言って攻撃するということを繰り返していても、手も足も出ません。「反対」ではなく「提案」だということを理解してもらったうえで、國分さんの運動のようにツールとして署名を使うとか、さらに対案を出しながら、こうしたらどうですかと訴えていくのが賢明なやり方だと思いますね。

「つながり」なんて胡散臭いと思っていた

國分　ランドスケープアーキテクトのローレンス・ハルプリンが、「優れたデザイナーは、住民の意見を聞けば聞くほどいいデザインを出せる」と言っているそうですね。山崎さんもいくつかのメソッドを使って、さまざまな意見の集積から、ひとつの完成されたデザインを、ある意味誘導するかたちで作っていくわけじゃないですか。これって、非常におもしろいなと思うんですよ。

山崎　僕ももともと設計を専門にしていたんですが、設計をやるときって、与えられた条件が全くないとすごくやりにくいんです。「予算は無尽蔵にあるから、どんなものを作ってくれてもいいんだ」と言われると、何を根拠にすればいいのか分からなくなってしまう。だからむしろ、与えられた条件の難しさをどう解くかっていうのが、けっこう燃えるところで。

ローレンス・ハルプリンの仕事を細かく見ていて気づいたのは、デザイナーと住民との間を調整する役割が必要なんじゃないかなということですね。デザイナーがいきなり住民の前に立って「意見をください」と言ったら、これは大変なことになってしまいます。だからコミュニティデザイナーとして働くうえでも、住民から出てくる一〇〇も二〇〇もある要望をいくつかのカテゴリーに分けて、いかにデザイナーが燃えるぐらいの条件にして提示できるかが重視しているところですね。

ハルプリンは非常に器用な人で、それを両方自分でやっちゃった人なんです。だけど、そのスタイルを真似るのは難しい。日本のデザイナーや建築家の多くは、ハルプリンのことは評価しながらも踏襲するのは難しいと思っている。

だったら自分はデザインをやめて、むしろデザイナーとの間をつなぐ役割のほうをやりましょうというところから、コミュニティデザインという仕事をやり始めるようになったわけです。

國分 でも、その「コミュニティ」という言葉を、昔はなにか、怪しいものだと思っていたとか。

山崎 胡散臭いなあと思ってましたねえ（笑）。

國分 僕もわかるんですよ。僕と山崎さんは一九七三～七四年生まれで、ほぼ同世代ですから、同じ思想状況を経験してきていると思うんですが、学生の頃には「コミュニティなんて、何それ？」みたいな感じがなかったですか。

山崎 ありましたねえ。かっこ悪いですよね。「つながり」とか「絆」とかもそうですね。

國分 身体が痒くなる感じがしましたよ（笑）。

山崎 僕は特に、ワークショップがすごく嫌いでした。わざとらしいじゃないですか。いい大人が、青色とか赤色とかの付箋に自分のアイデアを書いて。出したら、ファシリテーターと呼ばれる妙に笑顔の人間が出てきて「皆さん、このへん同じ意見ですよね」とか言うわけじゃないですか。「同じになるわけねえだろ」とか、ずっと思ってました（笑）。

國分　そう考えると、今ご自分がコミュニティデザイナーという肩書きで仕事をしているのって、不思議じゃないですか。

山崎　今は笑顔で「このへん一緒ですね」とかやってますからねえ（笑）。絶対「胡散臭い」と思われてるんだろうなと感じつつ。自分でやっていて恥ずかしいぐらいですよ。

でも、何度もそのわざとらしいワークショップの場に集まっている間に、参加者がすごくいい友達になっていることにも気がついたんです。ワークショップの後に飲みに行ったりしながら、本音でしゃべったり、悩みを打ち明けたりしている。

そういうことを経験していくと、その「わざとらしさ」はきっかけとして必要な気がしてきたんです。さらに参加している人は、すべて了解したうえで乗っているというか、演じているんだなということがわかってきて。その「大人の演じ方」の中に入らずに、若い奴が遠目で「あんなのかっこ悪い」と斜に構えているのは、逆にかっこ悪いことなんじゃないかと思うようになったんです。

人為的につくられてきたつながりの場

國分　僕も、「わざとらしい」というのは、重要なことだと思います。わざとらしさを認めるというのは、つまり何かを人為的に用意するのを恐れないということです。久田邦明先生という地域社会研究をされている方からお聞きしたんですが、かつて日本の地域共同体を支えていた講や結、連なんかは、非常に人為的に作られていたそうですね。

たとえば「かつては老人が尊敬されていた」とか言われるけれど、それは老人たちが尊敬されるような知識の担い手だったからです。そして彼らがそうした知識の担い手になれたのは、若者たちが知らない知識を継承していくための場をきちんともっていたからだそうです。

老人たちは集まる場所をもっていて、そこで村人たちの悪口を言い合う（笑）。けれど、その外では決して悪口は言わない。さらにそうした場で、古老からいろいろな知識も伝達してもらう。そうやってつながりを作り、また知識を継承していく。すると、皆から「あのお爺ちゃんに聞けば何でもわかるよ」と思われる存在になっていく。

年寄りだからものをよく知っているなんてことはありえないんですよ。知識の継承の場が人為的に用意されていたからこそ、尊敬されるような知識人としての老人があり得たんですね。

山崎　そうですよねえ。

國分　子どもにしても、お祭りなんかの行事の中に、子どもだけで何かをする場が人為的に作られていた。僕らが小さい頃だったと思いますが、ある時から、ガキ大将がいなくなったって言われはじめたじゃないですか。あれも同じ問題として考えられる。

ガキ大将になる子どもは、子どもたちだけでやる行事のなかで何らかの主導的役割をあてがわれていた。そういう人為的な制度があったからこそ、ガキ大将のようなリーダーもあり得たし、つながりやコミュニティもあった。

古きよき地域共同体が自然に復活するということは考えにくいし、実際、人為的に作られていたわけですよね。ならば、それにとってかわるものも、人為的に作らないといけない。その意味で「わざとらしさ」というのは大切な気がします。

山崎　まさにそうだと思います。その話、確かに聞いたことがありますね。

今の話に関連して言うと、どこかの集落で、毎年すごくでっかいシメジが採れる木があるらしいんですよ。でもその木の場所は、その村で尊敬されている一人の人間にしか伝えられない。つまり、集落の長老だけが知っているわけです。この人が、いよいよ自分の死期が近付いてきたなと思ったら誰かを呼んで、シメジの場所を教えるんですって。

まあ、シメジですから、形としてはかなり小規模ですが（笑）、今でもそういうことをやっている地域ってけっこうあるんですよ。それがGPSやなんかで誰もがわかっちゃうようになったら、その人はもう、尊敬されなくなってしまう。でも、そういうことが世の中にたくさん起きてしまっているのが今の時代でもある。

だから、國分さんの言うように「昔に戻ろう」というのは難しいと思います。だったらGPS時代の新しい仕組みとして、自分たちがある種のわざとらしさを持ちながら、形式としてつながっていく場を用意しておくのは、いいことなんじゃないかという気がしてきました。

誰も、ひとりでは生きられない

國分　僕らが大学生になったのって、一九九二〜九三年ですよね。八〇年代が終わった頃って、「昔からのしがらみは全部ぶっこわした。これからは個人が屹立して、自由に生きなければならない」というテーゼが色濃くあった気がします。そして、「閉じられているものはダメで、開かれているものはよい」という、今考えればすごいイデオロギーがありましたよね。

山崎　ありましたねえ。

國分　これが間違っていたと思うんですよね。何もかもが開かれていて、そこに自立した個人が立っているなんて夢物語だと思うんです。なんだかんだ言って、つながりやよりどころがなければ生きていけない。そういう、よく考えれば誰でも分かる、すごく常識的なことに気づいてきたのが、この二〇年ぐらいなのかなあという気がします。

山崎　そうかもしれませんね。僕ら、言われましたよね。「誰にも頼らずに一人で生きていけるように、しっかり勉強して、いい会社に入りなさい」って。ずっと僕らはそう育てられたんですよね。僕らのちょっと上も下も、きっとそうだと思うんですよ。

でも、たとえば江戸時代の人たちって、子どもを育てるときにそんなふうには育てなかったはずなんです。困っている人がいたら必ず助けなさい。あなたが困ったんだったら、必ず誰かに頼りなさいと。いわゆる「情けは人のためならず」ですね。人のために情けをかけるわけじゃなく、自分のために情けをかけなさいとずっと言われてきた。

これってつまり、「人とつながっていないと、あんたは生きていけないんだよ」ということを伝えてきたわけですよね。「一人で生きていけるように、知識や技術を高めなさい」という教育がされ始めたのは、そんなに昔のことではないような気がします。

その副作用が出てきたのもやはり最近のことで。そういう時代を生きたから、我々は教育なり社会のあり方を、もうちょっとよりよいかたちに変えていく必要があるのかなという気がします。

國分 「助けられなさい」ってすごくいいですね。助けてもらうって、けっこう大変なんですよね。自分でSOSを発しなきゃいけないし、身を委ねなきゃいけないところもあるし。

山崎 自分と関係が深い人には、逆に「助けて」と言いづらいそうですね。家族にだけはSOSが出せなかったり、職場の人には仕事の悩みを言えなかったり。逆に弱いつながりの方が「助けて」と言いやすいらしいんです。

『コミュニティデザインの時代』という本の中にも書いた小田川さんという海士町の女性は、三〇代で乳がんが発覚したそうなんですが、自分の病気を知ったときに感じた「何のために生まれてきたんだろう」とか、「明日から何もやる気がしない」という思いを、職場の人や家族にはどうしても言えなかったそうです。でも、海士町で一緒に活動していた一五人のチームの人たちには、その赤裸々な悩みを打ち明けられた。彼らとは二週間とか、一ヵ月に一回しか会わないんですが、会えばおもしろい方法で励ましてくれたり、一緒に悩みに付き合ってくれたりして、だいぶ気持ちが蘇ってきたということを、後で伝えてくれたんですよ。

「つながりを作りましょう」と言うと、どうしても強いつながりを作るべきだとなりがちです。でも、「あってもなくてもいいけれど、あるね」くらいのつながりって、さまざまなことに効く可能性があるのを学びました。

だから、この弱いつながりをこの世の中にどう作っていくかが大事だという話を聞いたとき、まさに「コミュニティデザイン」という名前で僕らがやっているのは、そっちだなと思ったんです。

國分　なるほど。「弱いつながり」というのは、キーワードになる気がします。

僕は「保育」にすごく関心を持っているんですが、保育園がまちの中にあると弱いつながりがたくさんできるんですよ。先生やほかのお子さんの親と顔を合わせて、挨拶をしたりして。毎日顔を合わせていると、お互いのことを深く知っているわけではないのに、困ったときにちょっとお願いしたりすることが、けっこう簡単にできるんですよね。

僕には小学生の娘がいるんですが、保育園のときの父母のつながりはいまだに残っていいます。そういう意味でも、親がお迎えに行く場としての保育園も、弱いつながりを作るための一つの回路なのかなと思いました。

山崎　まさにそうだと思いますね。それってさらに「保育園のときのつながり」「小学校のときのつながり」というように、いろんなつながりが出てきますよね。

それと、それはいわゆる、地域の縁でつながるつながりですね。地縁型のコミュニティと言われるもので、同じ地域に住んでいるからこそつながろう、というタイプです。

一方、同じ趣味があるから集まるという人たちがいますね。鉄道が好きとか、お酒が好きというコミュニティですね。こっちはテーマ型のコミュニティと言われていて、別に同じ地域に住んでいるわけではないけれど、つながりができるわけです。

この二つのバランスをうまく使いながら、いかにその弱いつながりを作っていくかというのは、今の時代だからこそやらなければいけないことなのかもしれません。今、地縁型コミュニティの力がとにかく弱まりつつある。このあたりを、一体どんなタイプのコミュニティが補完していくのか。

そういう意味では、保育園のお迎えのときに会う人たちなんかは、地縁型ではあるけれど、その部分に該当する気がしますね。そうしたつながりは、とても大事だと思います。

忘れられたもう一つの社会主義

國分　山崎さんと僕ですごく共感する部分は、二人ともウィリアム・モリス、そしてその師匠のジョン・ラスキンに関心があることなんですよ。

山崎　國分さんの『暇と退屈の倫理学』の裏表紙には、モリスの言葉が引用されていますよね。

國分　そうなんです。ウィリアム・モリスという人は一九世紀のイギリスの思想家で、デザイナーで、建築家であるというような、本当に多くの顔を持った人で、イギリスにおける最初期の社会主義者です。

その頃の社会主義者たちって、「どうやって蜂起して、革命を起こすか？」ということばっかり考えているんですね。だけど、モリスは「革命なんて来るに決まってる」と思っていた。そして、「明日革命が起きたらどうしよう？　革命が起きたら、豊かな社会になるじゃないか！　豊かな社会になったら、いったいどうやって生きていけばいいんだ……」と、ひとり、革命後の社会での生き方について真剣に考えていた。

山崎　おもしろいですよね。

國分　「人々の生き方が変わらないんだったら、ずっと寝てたほうがマシだ！」なんてことも書いていたりもしますよね（笑）。

じゃあ、どうするか。彼は豊かな社会を生きる方法として、芸術に目を向けました。芸術が日常に入っていくことで、人の生活は豊かになると考えたんです。山崎さんは『まちの幸福論』で、栃木県の益子でやった土祭《ひじさい》のプロジェクトの並びでモリスのことを書いていますが、コミュニティデザインをやっている山崎さんが、ウィリアム・モリスに傾倒しているというのは、実は必然的だなあと思ったんですよ。

山崎　そうですねえ。モリスはとても好きですね。

「コミュニティ」というと、六八〜六九年のことを経験した先輩方からは、ちょっと眉をひそめられることもあるんです。だけど、かくいう僕は仕事をするまで知らなくて。理系だったから政治思想や社会運動のことについてはあまり勉強しないまま、ずっと過ごしてきちゃった。しかも、その時代には生まれていないから、当時のことは知らないし。

ところが、どうも読めば読むほどしっくりくる本がある。だけど、それを話すと「ああ、君は左か」といわれることがあったりして。調べてみると、自分が生まれる前に、右とか左とかそういうものがあったらしい。それ以降、モリスやジョン・ラスキン、ロバート・オウエンなんかの名前を出すのをちょっとだけ控えたこともありました。が、あるとき吹っ切れたんですよね。いいこと言ってるんだし。

國分　社会主義といってもかつては多様なものだったんですよね。モリスなんかの社会主義もかなり受容されていた。日本でも同様で、たとえば芥川龍之介の卒業論文はウィリアム・

モリス研究だったりします。

ところが、後にロシア革命があって、マルクスとエンゲルスからレーニンへと向かうラインこそが社会主義だということになってしまった。モリスやラスキンなんかが持っていた可能性は押しつぶされ、「彼らは理想ばかり語っていて、具体的な社会主義の実現・維持の方法を考えていない」という感じになっていったんですよね。

山崎　そうなんです。でも、彼らはとってもハッピーな社会主義を考えていた。

マルクス主義の大きなムーブメントの後に、見直される時期があるんですよね。そのとき脚光を浴びたのが、後期マルクス主義者のルフェーブルや、彼に影響を受けたフランスのシチュアシオニスト（ＳＩ）という活動家たちです。ルフェーブルとシチュアシオニストは後にケンカしちゃいますが、この辺の人たちと、ジョン・ラスキン、そして彼に影響を受けたモリスたち、このあたりがすごく好きですね。中立的で。

國分　シチュアシオニストの話まで出るとは思いませんでした！　シチュアシオニストというのは、主に一九六〇年代に活躍した、芸術と政治の統一的な実践を考えた人たちのことですね。

山崎　「状況主義者」なんて言われますよね。彼らは芸術家や建築家の集まりで、今あるものを組み合わせてアートを作っていこうという人たちです。シチュアシオニストの計画も、暇や退屈にどう対応するかということに近いことを考えていて、中でも「ニューバビロン」

という計画が、とくにおもしろい。
彼らは、もう地上はダメだと嘆きます。一九六〇年代の地上は、もうおしまいだと。だから、「空中に浮かせた新しいまちをつくろう」と言い始める。そのまちでは、労働は全て機械がやってくれるから、働かなくてもいい社会がすぐそこまで来てるんだというわけですね。このへんは、モリスと近い。

國分　モリスの、「革命後の豊かな社会をどう生きるか」という問いに重なりますね。シチュアシオニストたちは「第二の産業革命は必ず起きる。じゃあその後、空中でのんびり暮らしていくときに、俺らは一体何をするのか」を考えていた、と。

山崎　そうそう。まさに國分さんが『暇と退屈の倫理学』で引用している、モリスの「わたしたちはパンだけでなく、バラも求めよう。生きることはバラで飾られねばならない」という言葉に、すごく近いことを言っています。つまり、腹を満たすものだけじゃなくて、アートもすごく大事だよねって。彼らは結局、一九六八年のパリ運動の中核になってしまいましたが、その少し前にはそんなことを言っていました。
人びとは空中都市で何をするのか。これがおもしろい。「ニューバビロン」での暮らしは、とにかく自分の「住まい」をつくり続けることなんです。それは彼らが建築家だったこともありますが、労働がなくなってしまった社会では、趣味としてお気に入りの家をどうつくるかが大切なのだと。

滑稽な話に聞こえるかもしれません。でも、まさにそれって、「参加」なんですよね。誰かが作った芸術作品を鑑賞したり、解説を読んだりしても、そんなにおもしろくない。それよりは、自分が実際に作ることに関わるほうが、ずっと楽しい。

國分　モリスが始めた「アーツ・アンド・クラフツ運動」は、まさにそうですね。

山崎　そうですね。モリスはクラフトマンシップを非常に重視しています。ただ手仕事をやれというんじゃなくて、自分で創造していくことがすごく大事なんです。それこそがあなた自身の人生を豊かにしていくとモリスも言っていますし、シチュアシオニストも同じことを強調しています。

コミュニティデザインの立場からそれを考えると、自分たちのまちのことを誰かにお任せにするんじゃなくて、自分たちで動いてみようぜということになります。道路建設に反対している國分さんには怒られるかもしれないけど、なんなら自分たちで一緒にアスファルトを敷いてみたり、夜は皆で酒飲んで騒いだりしようぜということですね。で、「明日はまた一〇メートル進むかなあ」とか言って、だんだん敷き方がうまくなってきたり、アスファルトの濃度の違いだけで模様を描いてみたり。そうすることが友達を増やすし、豊かな社会なんじゃないかと思うんですよね。

「Lifeこそが財産である」

國分 山崎さんとお話ししていると、初期社会主義のことを想い出しますね。フーリエなんかは僕も大好きなんです。フーリエは「住居とか食事とか、さらには性行為まで含めてもっともっと楽しくしようぜ」ということを言っていますね。

山崎 ファランステールですね。全部一緒にして。

國分 そうそう、バランスで考えるんですよね。だから、ハードだけじゃなくてソフトも考える。確かに山崎さんの先駆者だ。

山崎 フーリエやオウエンがつくったまちの一部は世界遺産になっていますが、ハードとソフトの両面を考えていたという意味で、すごく尊敬しています。

その後、彼らがつくったまちのハードの部分は、多くの人に参照されています。だけど建築家たちは「どんなかっこいいカタチをつくるか」、つまり、ハードばかりを考えるわけですね。だから、そっちばかりが継承されていってしまった。でも、いつの間にか抜け落ちた「どう生きていくか」というソフトの部分も、本当はすごく大事なんです。

國分 実は今日はさっきから名前の挙がっているジョン・ラスキンの本を持ってきました。『ゴシックの本質』という、たいへんおもしろい本です。『ゴシックの本質』という、みすず書房から出ているすばらしい本なので、皆さんぜひ読みましょう。

山崎　いま、二回言いましたからね（笑）。

國分　相当お薦めです（笑）。これは若い頃に書かれたもので、ゴシック建築について批評した本なんですが、おもしろいのはゴシック建築を批評するときの判断基準なんですよ。建築物のカタチについて考察するかと思いきや、ラスキンは「このゴブリンの像を作った労働者は、たぶん楽しんで作っていただろう」とか、そういうことを言うんです（笑）。

山崎　ハードとソフトが一体になった批評なんですよね。

國分　そう。これを作った労働者がどういう状況だったかを考えなきゃダメだ、という視点なんですね。だから、もし労働者が奴隷なら、その建築の各パートは画一的になるだろうとも言っています。職人の労働と建築家の設計が一体になってひとつの建築物がつくられるのだから、ソフトとハードを分けて考えることはできない、と。

山崎　すばらしい（笑）。

國分　山崎さんは、気づかずに両方やっていた。

山崎　そうなんです。最新のことのように言われることもありますが、そういうわけじゃないんです。

ジョン・ラスキンは、『この最後の者にも』という本の最後のほうに、「Life こそが財産である」と書いています。Life とは「生活」、あるいは「生きていくこと」。つまり、生きていくことが財産であると言うわけです。そして、その Life を高めていくか、貶めていくかで、あなたたち自身の人生の価値が決まるだけではなく、国の価値までもそれで決まると言うんです。同時に、「最も裕福な国とは、最も豊かな人が多かった国である」とも言っています。

じゃあ、最も豊かな人生を歩んだ人とはどういう人か。

それは、「自分が持てる能力や財産すべてを使って、他人の人生に対して、最も有益な影響を与えた人」だと言うんです。簡単に言えば、「他の人に対していいことをたくさんした人生が、豊かな人生なんだ」ということですね。

お金でも、思想でも、何かの事業でもいい。どういう形であれ、他の人の人生にいい影響を与えた人の人生こそが、彼には最も高貴なんです。僕はこの考え方がとても好きで、いまstudio-Lという事務所をやっているんですが、「L」はまさしくそのLifeのLから取ったんです。

やっぱりジョン、すげえと思いますね。僕はとても尊敬しています。

手づかみの幸福論

國分　山崎さんの本には語源の話がよく出てくるんですが、「はたらく」というのは「傍にいる人が楽になること」だと書かれていますね。

山崎　もちろん、諸説あるんですけどね。

國分　僕はなるほどなあと思いました。『まちの幸福論』の中で、九〇年代生まれの学生についての話をしていますが、右肩上がりの経済成長を知らない世代は、まさしく「はたにいる人を楽にする」ことを自然にできる世代だと思うんです。僕も大学で生徒と接する中で、すごく実感します。

山崎　そう思います。こんな言葉はないと思いますが、彼らは「不景気ネイティブ」ですからね。

國分　「デフレネイティブ」とかね。

山崎　あ、そっちのほうがいいですね！　「デフレネイティブ」なんですよ。

つまり、ナチュラルボーン・デフレ、生まれたときからもうデフレ。本人たちはデフレだと全然思っていない。大人から見て悪い時代こそがスタンダードなんですよね。僕は、この人たちの発想力に期待したいなと思うんです。彼らは「景気がよくならないと自分の生活は豊かにならない」という発想を持っていない人が非常に多い。

アベノミクスだって、日本の景気を少しでもよくしようという発想によるものですね。景気を上げて給料が上がれば、おいしいものが食べられるし、楽しいことがたくさんできる。それを通して、家族や友人との絆を再確認する。そのための景気回復なんだ！　と、そういう論理もあるかもしれません。

だけど、「デフレネイティブ」はそういう考え方はしないんでしょうね。最終的な目標が、おいしいものを食べて、絆を確認し合うなら、景気はどうあれ、「今日、皆でおいしいものを持ち寄って食べたらよろしいがな」というのが、彼らの発想だと思うんですよ。

江戸の小咄にも、「三年寝太郎」という話がありますね。若者が寝ていたら老人が来て、「いい若者が昼間から寝てなんだ。起きて、仕事でもしたらどうだ」と言うわけです。若者は寝たまま、老人と次のようなやり取りをするわけです。

若者「仕事をしたらどうなるんですか」
老人「おまえ、仕事をしたらそりゃ、金が入るじゃないか」
若者「金が入ったらどうなるんですか」
老人「金が入ったら金持ちになれるじゃないか」
若者「金持ちになれたらどうなるんですか」
老人「金持ちになったら、おまえ、寝て暮らせるぞ」
若者「それじゃ、このまま寝てます」

それは、言い換えれば「手づかみの幸福論」ですよね。目の前に実現できる幸福があるんだから、遠回りしなくとも幸せはつかめる。そういうことを、ちゃんと分かっているのがデフレネイティブだと思うんです。そんな彼らが発想するプロジェクトや、これからつくっていく世の中は、とてもおもしろいものになるんじゃないかという予感がします。実際にそれは、少しずつ出てきていますし。

國分　そうですね。若者に対して悲観的な人はいつの時代もいますが、僕は今の若者の意識というのはとてもいいなと思っています。社会学者の古市憲寿くんがよく挙げる数字ですが、内閣府の調査で、今の二〇代の人に聞くと、七割が「社会をよくしたい」と思っているそうです。ところが七〇歳以上の人に聞くと、それが半分以下になっちゃう。今の若い人って、社会をよくすることがデフォルトなんだと思います。

　だから、山崎さんのおっしゃるように、別に革命運動をやるとかじゃなく、手づかみの幸せに立脚しながら、自分がやれることをやろうよという、新しいセンスが出てきている気がします。このことは本当に力強いですし、うれしいことだと思いますね。

山崎　期待したいですねえ。何が正しいのか、答えがない時代だからこそ、彼らの提案する社会のカタチにどんな可能性があるのか、僕もこれから、注目していきたいと思っています。

「ジレンマ十」二〇一三年一〇月

変革の可能性としての市民政治
——吉野川と小平の住民投票運動を振り返って

村上稔×國分功一郎

村上稔（むらかみ・みのる）
一九六六年、徳島県生まれ。九九年から二〇一一年まで、徳島市議会議員を務める。二〇〇〇年、吉野川住民投票を実現。現在、買い物弱者対策のソーシャルビジネスに従事。著書に『希望を捨てない市民政治——吉野川可動堰を止めた市民戦略』（緑風出版）がある。

——村上稔さんは、二〇一三年五月に『希望を捨てない市民政治——吉野川可動堰を止めた市民戦略』という本を出版されました。この本は日本で初めての、国の大型公共事業の是非を問う住民投票を成立させ、最終的に吉野川可動堰《せき》の建設を止めた市民運動を当事者として振り返りながら、市民が政治を変えるための戦略が実践的に書かれた本です。

また、國分功一郎さんは、小平市における都市計画道路の建設に住民の意思を反映させるための住民投票を求める運動に参加されています。実際、小平市の住民投票は五月二三日に行なわれましたが、投票率が三五・一七パーセントで、五〇パーセント以上の投票率という成立要件に満たなかったため開票はされないという事態になりました。

今日は、お二人にそれぞれの関わられた運動の体験から、市民が政治を変えるための戦略、市民自治とは何かについてお話を伺いたいと思います。

吉野川可動堰の戦略

國分　今年、二〇一三年五月に実施された小平の住民投票は、結果的には投票率三五・一七パーセントで、成立要件の五〇パーセントを超えられませんでした。この数字についてもあとでお伺いしたいのですが、同じ五〇パーセントの成立要件があった吉野川可動堰に関する住民投票（二〇〇〇年一月実施）は、見事に五五パーセントの投票率を獲得しました。

小平の都道と徳島の吉野川では争点としての性質がかなりちがうかもしれません。それでも、徳島市でのこの投票率は本当にすごいものです。いかなる偶然と言うべきか、小平の住民投票が実施される直前に、村上さんのご著書『希望を捨てない市民政治』が出版されました。そこには吉野川可動堰をめぐる運動の経緯が詳しく書かれていますが、僕は、村上さんたちが、どのくらいの期間をかけて、どういうことをやってきたのか、それをもっと詳しく知りたいと思いました。それでここ徳島までお伺いした次第です。

まずはこの住民運動と村上さんの出会いについてお伺いしたいと思います。村上さんは京都にお住まいで、広告のお仕事をされていたんですよね。徳島にご家族の事情でお戻りになったのはいつですか。

村上　一九九三年ですね。子どものころから日常的に海で遊んでいたので、徳島に戻ると決めてから、徳島には自分にとっての原風景があるにちがいないと想像をふくらませていました。しかし、現実はちがいました。山のなかでは、たくさんのダンプカーが砂埃を上げて走っているような状況です。徳島だけでなく、おそらくどこも似たようなものでしょうけれど。

　徳島には細川内《ほそごうち》ダムや吉野川可動堰の問題がありました。そうした問題について、九四年から徳島新聞への投書をはじめたんです。徳島は田舎なので、新聞の投書でも掲載されれば、インパクトがあります。「おまえ載ってたな」とみんなが話題にする。

　第十堰《だいじゅうぜき》の可動堰化問題に関わったのは九五年からです。その年に「ダム・堰の会」（「ダム・堰にみんなの意見を反映させる県民の会」）が発足しました。そのころ司法書士をしていた姫野雅義さんと出会ったんです。彼が運動のリーダーの役割を果たしていました。その後、九八年九月に「第十堰住民投票の会」を発足し、同年一一月に住民投票のための署名集めをしたんです。

國分　徳島の住民投票の投票率が五〇パーセントを超えていたことは前から知っていました。しかし、今回、村上さんのご著書を読んで驚いたのは、その前段階の署名の数ですね。市民が住民投票条例案を直接請求するのには、有権者数の五〇分の一の数の署名を集めなければならない。徳島市の場合は有権者数は約二〇万でしたから、約四〇〇〇筆の署名が必要だった。

さて、署名を集めるのは誰でもよいわけではなくて、正式に市に登録した「受任者」と呼ばれる人たちだけですが、徳島の住民投票運動では、なんとこの受任者が九〇〇〇人以上も集まり、受任者数だけで法廷必要数を軽く突破してしまった。しかも、村上さんたちは署名数の目標を七万人に設定していて、この目標もすごいわけですが（笑）、最終的にはそれも突破して、署名は一〇万一五三五筆に達した。

村上　徳島市の有権者が二〇万人超ですから、有権者の二人に一人です。

國分　小平の有権者が一四万人超ですから、徳島市よりすこし小さいぐらいの規模です。小平では受任者は三八五人、署名数は七五九三筆でした。これでも実際に署名集めをしている僕らとしてはかなり集まったという印象でした。本当にほそぼそはじめた運動でしたから、最初は法廷必要数の三〇〇〇筆に達するかどうかも自信がなかった。

署名運動の盛り上がりについて、村上さんはたいへん印象的なことを書かれています。「最新の「ネットワーク理論」では、個々の「つながり」がある時点に達すると、一気に噴出するように顕在化するといいますが、まさにそういう状況だったのだと思います」（『希望を捨てない市民政治』六六頁）。

そのようなことが徳島で九八年一一月の署名集めの段階で起こったとして、その前段階、そこに至るまでの経緯はどういうものだったのでしょうか。

村上 姫野さんが住民投票という明確なビジョンを持っていたかはわかりません。しかし、何かを要望するという小手先のやり方では通用しない。大きな盛り上がりを作らないと、運動が実を結ばないと姫野さんはわかっていた。そこに至るステップとして九四年に吉野川シンポジウム実行委員会ができましたが、このころからすでにそういうことを意識していましたね。

この吉野川シンポや九五年に発足した「ダム・堰の会」を通じて、レクリエーションのイベントと、市民参加の手続きについて理論的なものを練り上げていくイベントとを交互に繰り返していきました。それと、マスコミに対して異常なほどきっちりと説明する。世論を作っていくことに対して、とても意識的でした。新聞記事ひとつとっても、ちょっと表現がちがうなと思ったらぜんぶ赤入れして、掲載した新聞社だけでなく関係者すべてにファックスを送る。そうするとマスコミも緊張してきます。と同時に、関心も持ってくれるようになる。だんだんと、姫野さんのところに通いはじめる記者の方が増えていきました。

つまり、われわれが採った戦略というのは、あらゆる方向を見据えて、最終的な盛り上がりを作っていくという戦略だったんです。住民投票までの四年間、そうした活動を続けていました。

國分 レクリエーションとして、カヌー体験、河原遊び、トークショー、キャンプ、「吉野のでしょうか。

川を食べる」、長良川見学ツアーなどをやられているわけですが、頻度はどれくらいだった

村上 二、三ヵ月に一度ぐらいは何かをやっていました。ときには有名人を招いたりもしました。こういうイベントで新しい人に来ていただいて、そこで吉野川問題についてお話しするということを繰り返していったわけです。

國分 僕が小平の都市計画道路の問題を知ったのは三年ぐらい前ですが、油断していたこともあってすぐには運動に関わらなかった。運動を応援するようになったのは、住民投票実施を求める運動がはじまった昨年の秋からでした。応援するなかで、都道3・2・8号線の事業認可申請が間近に迫っていることを知り、運動に積極的に関わるようになったんですが、そうすると僕が実質的に運動に関わっているのはこの半年です。

住民投票の直前、マスコミの方々から、注目度が非常に高いと言っていただけた。実際、僕自身も驚くほどにマスコミは取り上げてくれました。新聞各紙に毎日のように記事が載ったし、テレビでは「報道ステーション」と「NEWS23」という代表的報道番組が取り上げてくれた。ですが、小平市内の住民には運動がどこまで浸透していたかというと、まだまだ足りないという感じがしていました。

小平市は東西に延びていて、都市計画道路は東側にあります。西側の住民のみなさんにも道路計画に関心を持っていただくことは、住民投票の実施が決まったあとでの大きな課題で、

その点、とても頑張りました。実際、非常に多くの方に関心を持っていただけたと思います。その変化には実感がありました。ですが、吉野川の運動ほど意識が高まっていなかったのは事実です。やはりもっと時間が必要だったという気がしてなりません。村上さんのお話を聞いて、年月の積み重ねがあって初めて運動の大きなうねりが作り出されるのだろうと思いました。

投票率三五・一七パーセントをどうとらえるか

村上　「上から目線」の言い方になってしまいますが、小平の運動は、いい線いっていたと思っています。「どんぐりの会」のイベントは魅力的だと思いますし、市会議員を招いて勉強会なども開催されていて、方向性としてまちがっていないと思っていました。

こう言ってしまうと元も子もないのですが、やはり東京と徳島の環境的なちがいは無視できません。徳島はちょうど、都市と村のあいだぐらいのイメージです。都市型の運動ができないこともない規模でありながら、一人二人介せば全員が知り合いという村のようなところもある。いったん町全体が盛り上がれば、「署名しないことに強い意志がいる」（笑）という感じなんですよ。

國分　たしかにそれは感じます。僕も住民投票の実施が決まってから、市民のみなさんにどうやって都道3・2・8号線のこと、住民投票のことを知ってもらうか、いろいろ考えました。都市部では政治運動そのものが嫌われる傾向が強くあります。「市民運動」という言葉にアレルギーを持っている人も多い。だから、そのアレルギーをうまく回避しつつ争点について訴える必要があり、これはいろいろと工夫が必要でした。僕もいろいろ知恵を絞りましたが、ひとつ参考になったのは、村上さんたちが採用されたプラカード作戦ですね。

村上さんたちは、投票日が一月二三日だったということで、「123」とだけ書いたプラカードを持つという非常におもしろいやり方を採用された。声を出さず、ただプラカードを見てもらう。しかもプラカードには数字だけが書いてあって、「これは何だ?」と思わせるようになっている。素晴らしいアイデアだと思います。

村上　住民投票の期間中ずっと立っていたので、市民のほとんどが何回も目にしているレベルだったと思います。東京だと駅前で運動するという手がありますが、徳島の駅前には誰もいないんですよ(笑)。地方都市は車社会ですから、たいがいそうです。

それで僕らが考えたのは、橋の上に立つということでした。特に重要なポイントだったのは、かちどき橋という県庁前にある徳島市の象徴のような橋です。太鼓橋のように盛り上がっている地点に立って大きいプラカードを持つと、ドライバーの視界にドラマチックに入っていく。そういうふうに、ドライバーの目線を考えて、こまかいディレクションもやっていきました。

だから、こうしたちがいも考えると、小平の投票率や受任者の数と徳島の問題は単純に比べられない。むしろ、投票率はわるくなかったと思います。

國分　それは僕もそう思っています。現在の小林正則市長が選出された二〇一三年の小平市長選挙（投票率三七・二パーセント）と同じぐらいの投票率でした。市長選は市が一生懸命応援したうえでの投票率です。今回は、市の東側のたった一・四キロメートルの道路のために市内のみなさんが投票所に行かれた。有権者の三分の一が投票したわけです。開票されていないので内容はいまだわからないわけですが、わざわざ投票所に赴いて投票した人のほとんどは「都道建設計画は見直すべきだ」に丸をしていると思います。そう考えると、これは相当な数です。

村上　徳島の人は、徳島に生活のすべてがあり、吉野川の水を全員が飲んでいるような環境に住んでいます。徳島に寝起きして県外に職場のある人は、そんなにいません。だから吉野川の問題というのは、子どもも含めてみんなが関心のある、市民にとって共通の問題なんです。

小平市の場合は、「私は小平市の住民である」と自覚している方は少ないと思うんですよね。「東京」で生活していて、「たまたま住所は小平」ぐらいの感覚の人が大半でしょう。そうした状況で投票率が三五パーセントだったというのは、「自治の興奮」と言いますか、自分たちで選ぶということにおもしろみを感じて、投票に行かれていると思いますね。

國分　村上さんたちの住民投票条例案は、一度議会に否決されています。そのあと、村上さんたちご自身が議員になって、議会構成自体を変える作戦に出て、これを成功された。本当にすごいことだと思いますが、これに対し小平の場合は、住民投票条例案が一度で議会を通過しました。市長選の前だったなどいろいろな要素が絡んではいるんですが、住民投票の実施を認めてもよいという気持ちが議会にはそれなりにあったとは言える。

村上　議会の採決はどういう具合だったんですか。

國分　公明党会派の議員が退席し、賛成多数で議会を通りました。しかし後日、市長から投票率五〇パーセントの成立要件をつけた改正案が提案されたときは、公明党が賛成にまわり、賛成反対が一三対一三と同数になります。結局、自民党会派である議長の裁決によって改正案が通ってしまった。

　小平の議会では公明党の動きがたいへん重要な位置を占めました。住民投票条例案の可決も修正案の可決も、公明党次第だったわけです。そうしたら、吉野川のときも投票率五〇パーセントの成立要件を考え出したのが公明党だと村上さんの本で読んで、びっくりしました。

村上　公明党は、どういう政策でも、最初からキャスティングボートを握るぞという姿勢ですからね。

國分　吉野川のときはなかなか事情が複雑ですよね。公明党は、最初、住民投票条例案が通らないだろうという目算で賛成した。そして目算通り条例案は否決されます。ところが、村上さんらが議員になって議会構成が一転してしまったために、今度は条例案が通りそうになった。本当に通ってしまうと困るというわけで、苦肉の策として、成立要件の投票率五〇パーセントという修正案を出してきた。

村上　聞いたところによれば、建設推進派が事前にリサーチをして、いくら運動が盛り上がっても投票率は四〇パーセントぐらいだという予測を立てたそうです。五〇パーセント要項を設ければ、条例を制定した公明党の顔も立てられる。だけど、成立はしない。そういう理由で五〇パーセント要項は提出されたそうです。

　僕らもこの話を聞いて、初めての住民投票であれば、投票率が四〇パーセント台という数字は妥当かなと思いました。けれども、運動が盛り上がったことで五〇パーセントを突破した。この一〇パーセントという数字を考えると、運動というのはいろんな場面で盛り上がる可能性はあると思ったんです。

　統一地方選挙の前回の投票率は約五〇パーセントですが、僕らが出たときは六二パーセントでした。知事選でも市民のあいだで運動が盛り上がれば、一〇パーセントぐらいは数字は上がるということを実感として持っていたんです。どこかの大学の調査で、誰に投票するか決めるのがもっとも多いのが三日前だということを聞いたことがあります。そんなわけで、三日ぐらいあれば盛り上がりは作れると思っていましたね。

会派の強すぎる地方議会

國分　三月二七日の小平市議会本会議で住民投票条例案が可決された直後の四月七日に小平市長選があり、小林現市長が再選されます。安倍首相のもとで自民党の人気が高まっている時期でしたから、今回は自民党系の候補が勝つと言われていたんですが、自民系候補は惨敗します。

小林市長は、一応、小平市初の非自民党の革新系の市長なんですが、住民投票には猛反対でした。再選されてからの彼の最初の仕事が、住民投票に投票率五〇パーセントの成立要件をつけることでした。投票率が五〇パーセントに満たなければ、開票もしない、内容は公開しないというものです。僕らはその案のことを四月の中旬に知らされたんですが、本当に寝耳に水でした。市長や市役所は、どのタイミングでどういうことをすれば住民を翻弄できるかをよくわかっているんですね。そして、あれよあれよというまに、四月二四日の臨時市議会で改正案が通ってしまった。投票日が五月二六日だったので、その一ヵ月前に決定されたわけです。

たとえばあのときになんとか成立要件を四〇パーセントにできなかっただろうかとか、いまでもいろいろ考えることはあります。ただ、やはり議会対策は非常にむずかしかったです。

協力してくださる議員もいますが、もちろん自民・公明のような多数派の会派ではない。村上さんの言われる「ロビー活動がたいせつだ」ということを強く実感しました。

村上　地方議員クラスですとロビー活動を受けた体験自体ありませんから、ロビー活動は力を持つ可能性があります。僕らは公開されている議員の住所に、住民投票条例を制定してほしいという手紙を送りました。もちろん、支持者が完全な建設業者だったら動かない。でも、支持母体が創価学会でいろんな分野の人がいる公明党などは動かせた。

國分　僕は議会を見ていて、会派というものの問題を再認識したんです。成立要件を盛り込んだ修正案は、市議会の特別委員会で議論されました。そこでは実にいい議論がなされているんです。最終的には修正案に賛成した自民党や公明党の議員も、「開票しないのはおかしい」「選挙のあとに修正案を出すなんて後出しジャンケンではないか」と言っていた。委員会での議論は本当に長時間に及びました。ところが、どれだけ議論しても、どんなにいい議論がなされても、そんな議論の内容は採決とはまったく関係がないのです。初めから決まっていた会派の結論の通りに手を挙げたり挙げなかったりするだけです。いったい何のための議論なのか、本当におかしいと思いました。ロビー活動が重要かつ有効性もあると思うと同時に、地方議会では会派の拘束があまりにも強すぎて、無力感を感じたのも事実です。

村上　それは地方議会の最大の問題ですね。「市長と議会が車の両輪だ」という言い方がありますが、これは非常にわるい両輪なんです（笑）。なぜこれだけ会派の縛りをきつくするのかというと、そもそも議員というのは市長に自分の口利き案件を通したいわけです。議会のなかで市長の主張を認めるもしくは認めないぞと圧力をかけることによって、自分の口利き案件を通していく。そのためには数が必要だと、会派を作りたがるんです。一定数の会派を組んでおけば、市長に圧力をかけられる。しかしそのためには会派が結束してないといけない。

議員は市全体の政策に関心がなく、自分への陳情をどう実現するかという関心しかありません。だから、会派の縛りに対して追従する。その代わりに、小さな陳情を通す。この駆け引きが会派を強化し、会派の長が首長に対して力を持つことにつながっている。個々の議員は地元のコミュニティ協議会や特定の団体に指示されて当選しているわけですから、市長の政策に反対したりして、支持者の孫を保育所に入れてもらえなかったり、道路の舗装が後回しにされたりすることを恐れる（笑）。これが地方議会の水面下の力学ですよね。

國分　徳島で五〇パーセントの成立要件が出たとき、議会はどういう反応だったのでしょうか。

村上　僕らの会派の五人、加えて民主党系と共産党系の会派は住民投票条例案に賛成でした。それに対して公明党が五〇パーセント要項を提案してきた。委員会での審議など、表立ったやりとりはありませんでしたが、水面下での攻防はありました。

國分　徳島の住民投票の場合、市民の署名を集めて提出した住民投票条例案が議会で一度否決されますよね。その後、村上さんたちが議員に当選されたうえで改めて条例案が通るわけですが、それは一度否決された条例案なんですか。

村上　条例は、一度選挙を経たあとであれば、再議できます。ただ、選挙後の議会には、公明党が出した五〇パーセント要項の条例案が提出されました。そして、本にも書いたように、実に政治的な水面下での駆け引きの末に、苦渋の決断として僕らがそれに賛成したことで成立したわけです。

地元のことは地元の人に聞くのがいちばん

國分　ご存じの方も多いのかも知れませんが、改めて、問題となった吉野川の第十堰についてお伺いしたいと思います。この堰というのは、石を組んでそのなかを水が通るというものですよね。簡単に説明していただけませんか。

村上　第十堰というのは、二六〇年前の江戸時代にできた石組みの固定堰です。旧吉野川というのが、江戸時代以前の本来の吉野川だったそうです。お城ができて堀割を抜いたら、いまの吉野川がメインの流れになった。そうしたら旧吉野川流域の農民が水不足で困ってしまったので、第十堰を作ったわけです。ちなみに「第十」というのは十番目という意味ではなくて地名です。

この堰では、組んだ石のなかを水が透過しています。分流の機能を持ちながら、自然の

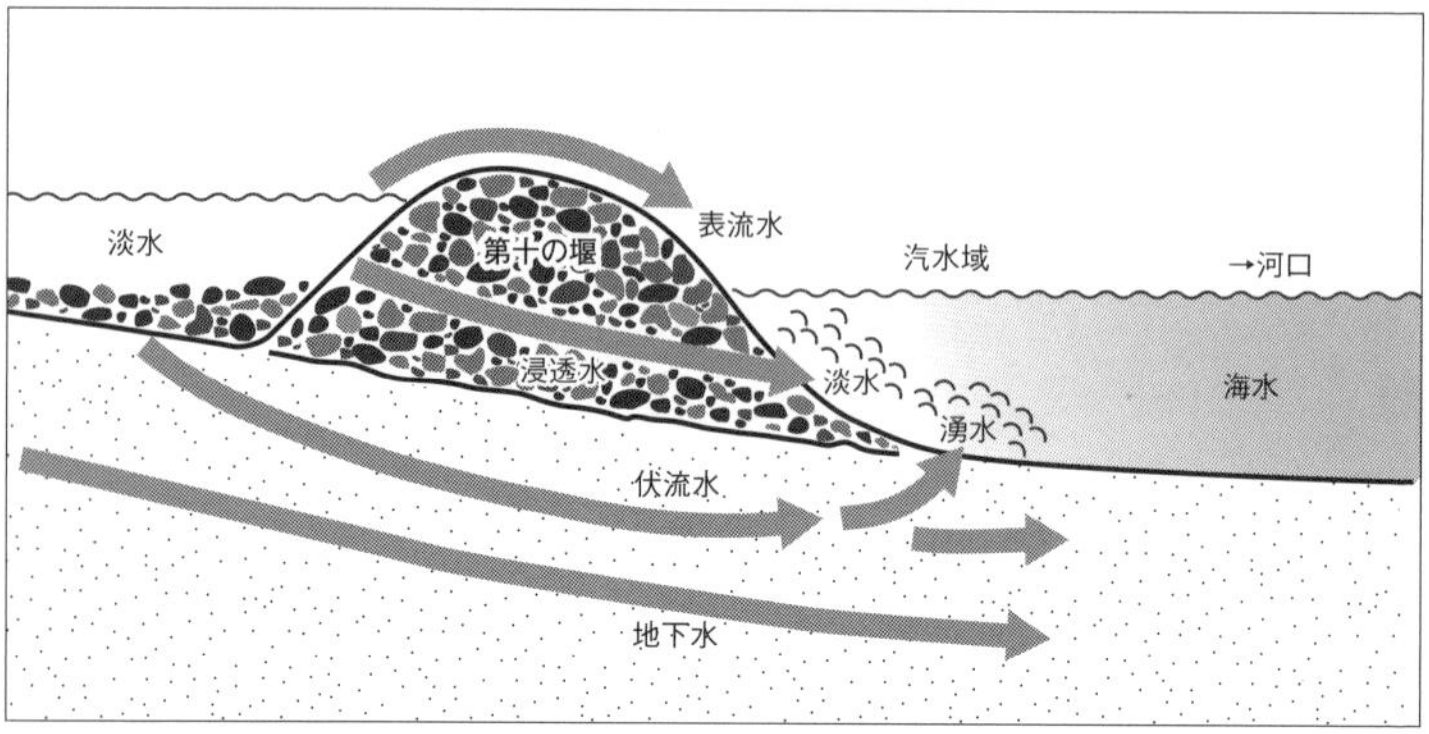

第十堰の透過構造

フィルターのようになる。だから、堰直下の水はとてもきれいです。しかし、可動堰は流れを閉じてしまうので、ヘドロがたまってしまいます。第十堰というのは、近自然工法のお手本みたいな堰なんです。江戸時代にはこうした高度な治水の技術があったようで、石組みの固定堰では、第十堰が現存している最大のものですが、全国に何カ所か残っています。武田信玄が造った信玄堤など、当時は、驚くべき優れた治水技術があったんですね。

建設省（現在の国交省）が可動堰建設を推進する最大の理由が「堰上げ」という現象でした。これは、堰が川の流れを邪魔して水面が盛り上がってしまう現象です。水中に障害物があるために、一五〇年に一回の洪水があったときに堤防を乗り越えるレベルまで川の水面が盛り上がってしまうというのが、建設省の言い分でした。

ところが実際に公開模型実験をしたところ、水量が大きくなるほど川底の抵抗が水面に影響を及ぼさないとわかった。水量が大きいと、断面の狭い箇所は流れが速くなり、水面はフラットになる。それをみんなで「目撃」したから、官僚たちはトーンダウンしてしまいました。

國分　地元の農家の人が、大水になっても堰上げは起こらないと言っていたそうですね。宮台真司さんが、地元のことをよく知っているのは地元の人なんだとおっしゃっていました。道路に関しても、交通量の問題などをいちばん知っているのは地元の人なのだから、その人たちの知恵を使って地元を作っていかなければ、お金の無駄遣いになる。これからお金がなくなっていくのだから、われわれが生き残る最後の手段は、地元の人の知恵を使ってお金を有効に使うことしかないと。僕はまったくその通りだと思います。大水になっても堰上げは起こらないと地元の人が知っていたというのはその典型例ですね。

村上　長良川河口堰の運動の際、全国から来た人たちが騒いでいて、地元が完全に冷めて引いてしまうということがあったんです。それを僕たちは見ていたので、とにかく地元の人たちを巻き込む必要があると考えました。だから、地元の人たちと意見交換することから、運動をはじめたわけです。

権威や権力に関係のない市民が地元に入り込んでいくことによって、地元の生の意見が聞ける。そうすると、建設省の建設理由と地元の意見がぜんぜんちがうことがわかってきます。そうなれば、建設省も無視できなくなる。道路問題もそうですが、「地元の人が求めている」

というのが行政の建前です。地元の人が求めてないのに、これは正義だからやるというのはありえない。

河口堰の建設が陳情されたのは昭和五〇年ごろです。そのときの陳情は、農地の塩害防止のため、吉野川に河口堰を造ってほしいというものでした。しかしその後、国が地下水の経路等を調査した結果、河口堰を造っても塩害防止にならないことがわかって、この話は立ち消えたわけです。

しかし行政側は、住民の過去の陳情を持ち出して、可動堰の計画を進めようとするわけです。官僚は陳情を理由にするんですが、それはそもそも塩害に対しての陳情です。建設省が言っている理由にはまったく関係がない。こんなふうに過去の出来事を素材にして、都合よく料理をしてしまうのが官僚の仕事なんです。いろんな運動のなかで、地元の陳情があったからといってあきらめないで、具体的にはどういう内容だったのか、きちんと調べていくことが大事です。

國分　小平の場合は地元が道路を造りたいと言ったわけではありません。東京都が五〇年前に道路建設を言い出した。いまでも積極的にこの道路を造るべきだという人は非常に少ないと思います。テレビ局が、道路計画推進派の人のインタビューをほしがって推進派を探したけれども、一人も見つからず、番組で「ここで推進派の方のご意見も紹介したいところなのですが……」というアナウンスが入ったこともありました（笑）。

道路計画に賛成の人の多くは、道路予定地なのに道路が造られないという生殺し状態に置かれている人たちだと思います。建設予定地だと建設について規制がある。それならば、早く買ってもらってどこかに移動したいと。実は僕の家も別の都道の予定地になっていて、その規制を受けているんで、そのことを知っているんです。

道路計画の核心部にあたる住宅地では、自治会が五〇年間、道路建設に反対してきています。いまも測量を拒否しています。しかし、東京都は住民投票実施の二日後、狙っていたかのように国交省に事業認可申請しました。これが認可されてしまうと、ひっくり返すのは非常にむずかしくなります。

村上　都市計画道路の小平市以外の部分の進行状況はどうなんですか。

國分　完成しています。小平市の南側の国分寺部分は買収も終わり、工事が着々と進んでいる状態です。だから地図だけを見て、なぜ小平部分だけ工事が進んでいないのかと不思議に思う方がいるのもよくわかります。

僕らは建設予定地のすぐ脇にある府中街道という道路を活用すべきだと言っています。この府中街道はぜんぜん整備されていません。非常に矛盾しているんですが、五〇年前から新しい道路を造る計画があるのだから、府中街道そのものは整備しなくてもいいということなのだろうと思います。皮肉なことに、この計画があるために渋滞を起こしているわけです。右折帯、左折帯を造るだけで渋滞は相当に解消されると思いますが、そういう努力もしない。

つまり、渋滞を解消したいから道路を造るというのではなくて、道路を造りたいから渋滞解消という理由を挙げているんです。

村上　国というのは、国民の生命と財産を守る責任があるのだから、可動堰を造る計画があっても現にある第十堰が老朽化していれば整備しなくてはいけないはずです。老朽化していまにも崩れそうだと言いながら、まったく直そうとしないんですね。

國分　最近では震災が口実に利用されることが増えました。大きな道路で街を分断しておくと、火災が燃え広がらなくてすむというわけです。では街をズタズタに道路で分断するつもりなんでしょうか？　それに都道3・2・8号線によって大きな雑木林がつぶされてしまうのですが、延焼防止を理由に森林をつぶすというのはまったくナンセンスです。森林が延焼防止機能を持っていることはよく知られている事実だからです。どの理由も道路を造りたいから考え出したものに過ぎないんですね。

乳母車の環世界

村上　僕はいま、社会問題になっている買い物難民対策として、移動スーパーのネットワークを作っていく仕事をしています。地元資本のスーパーと、社会貢献に関心のある求職者を結び、買い物難民の支援を通じて分断されたコミュニティの復活を目指していく、全国初のソーシャルビジネスモデルです。いま現在、七台（当時。二〇一六年一月現在二二台）の移動スーパーが徳島県内を走り回っています。そこで僕は、毎日、地域の住宅を一軒一軒訪ねていって、買い物に困っている方を探すという地道な仕事を、ここ二年ぐらい続けています。

徳島市の川内という地域は、四車線三〇メートルの都市計画道路ができて分断されてしまいました。先日訪ねたお宅は、庭先だけが都市計画道路で買収されています。そこに住んでいるおばあさんが言うには、道路ができる以前は、家から五〇メートルほどのところに小さな食料品店があって、乳母車を押して買い物に行っていたそうです。けれども道路ができたせいで、目の前に見えているのに、一〇〇メートル先の横断歩道まで遠回りしなきゃいけなくなった。挙げ句の果てに、お客を失ってその店は閉めてしまったというのです。

乳母車を押しているような足の痛いおばあちゃんは、歩いても時速一キロ以下ぐらいなんですよ。そういう人にとって、この道路は生活の危機を招く呪われたものでしかない。莫大な税金で造ったこの道路計画は、時速六〇キロ以上の車しか相手にしていません。この食料品店には地域の人が集まってくるので、ひとつのコミュニティの場になっていたんです。そういうつながりをすべて分断してしまう。地域のコミュニティをなかったことのように切り捨てて、経済効率だけを考えているのが道路の論理なんですね。まあその経済効率というのもアヤシイものですが。

國分　五〇年前から反対運動をされている方々も、同じことをおっしゃっています。こういう道路を造ってわれわれのコミュニティの分断をして、いったい何を考えているのかと。
立ち退きを迫られるのは二五〇〇戸の住宅ですから、そうとうの数です。予算二五〇〇億円のうち八割は買収費用で、経済効果もほとんどありません。こういう意味でも大義はないんですが、こう主張してもぜんぜん聞き入れないんですね。

村上　國分さんの『暇と退屈の倫理学』で、ユクスキュルという理論生物学者の提唱した「環世界」という概念が紹介されていました。つまり「すべての生物は別々の時間と空間を生きている」。先ほどの話に引きつけて言えば、行政というのは、「乳母車の環世界」をまったく見てない。

國分　都市計画でよく「完成図」と題されたキラキラ光っている街の絵が工事現場やパンフレットに描かれているじゃないですか（笑）。ああいう絵の独断的な理想像というのは研究に値すると思います。完全に行政だけの視点で理想的な街の姿を描いている。乳母車の環世界も住民の環世界も何もない。どこにも存在しない行政のイメージ世界だけが描かれているんですね。

最終的な目標を見据えて

國分　村上さんのご著書で、市民政治の要点として「論理的であること」「マスコミとうまく付き合うこと」「楽しくやること」の三つを挙げられています。本当にたいせつな原則です。思えば、小平の住民運動でもこれらの原則がたいせつにされていました。

なかでも村上さんがおっしゃっている「論理的であること」は非常にたいせつだと思います。村上さんは、「論理的であること」は「筋を通すということ」ではないと書かれています。たとえば、公明党が五〇パーセントの成立要件をつけてきた際、「公明党の市議団がひどいからリコールすればいい」という意見があった。それはたしかに筋を通すということかもしれない。けれども、そういうことをしていて誰が運動についてきてくれるだろうか。それに、運動の目的は吉野川の堰を守ることだった。筋を通すということに囚われるとそのことがなおざりにされてしまう。

五〇パーセントの成立要件を後から付してきた市長について、ツイッターなどで「リコールすればいいじゃないか」と言ってくる人がいました。小林正則氏は選挙戦では何も説明せず、当選するや成立要件を持ち出してきた。僕だってリコールに値すると思ってます。なお、小平の住民投票は既に行政学の研究対象になっていて、論文も書かれ始めていますので、小林という人は都内初の直接請求による住民投票を全力で潰した人物として歴史に名を残すことでしょう。

ただ、彼に腹を立ててリコール運動を一生懸命にやるとしたら、運動が違うところに行ってしまいます。雑木林を守るという当初の目的が忘れられて、そうこうするうちに工事が進められてしまうでしょう。だから、筋を通すということと運動を論理的に進めていくということは違うというのは、たいへん重要な認識だと思います。これはもしかしたら日本の市民運動に欠けていた認識かもしれません。

村上　子どもがサッカーをやると、ゴールをがら空きにして、全員でボールを追いかけていくのに似ています。フォーメーションがぜんぜんできていない。あちこちの運動を見ていると、目の前の課題に熱くなってしまって、最終的な目標への筋立てや戦略を考えていません。相手側からすれば、目の前の課題に熱くなっている運動は、赤子の手をひねるようにつぶせる。

國分　最終的にどういうところに行き着きたいのか、考えることはとても重要ですね。小平の運動がうまく進んできたのは、あの林を守りたいという最終的な目的が常に頭にあったからです。よくあるタイプの「絶対反対！」の抗議集会というかたちになってしまえば人がついてくるわけがない。だから、どんぐりの会の楽しめるイベントもやっていかないといけない。常に最終目的が頭の中にあるから、そうした方針が自然に出てきた。運動自体が目的化しなかったわけです。

村上さんのご著書を読んで思ったのは、吉野川の住民運動の場合は、最終目的を忘れないということに加えて、姫野さんの長期戦略が素晴らしかったということですね。

村上　どんぐりの会に遊びに来た親子が、「二〇三〇年までに二二パーセントも交通量が増えるなんておかしいじゃないか」と、普通に言えるようにしていきたいですよね。

たいせつな川を守りたいという理由だけで反対するのでは、弱いんです。理屈を知らないといけない。かといって、理屈だけで反対と言っても、弱い。つまり、両方の側面が必要なんです。身体的な感覚と理屈の両方の部分で自分を強化していく、運動全体も強化していくということが大事です。いずれにしても楽しくやる、腑に落ちる運動、というのがポイントですね。

僕らの場合だと自分の土俵に相手を引っ張ってきて論破するということをシンポジウムで繰り返してきました。「小平都市計画道路に住民の意思を反映させる会」の共同代表を務めていらっしゃる水口和恵さんの記事（「我は如何にして活動家となりし乎」第一四回、『ａｔプラス』一六号）では、道路の交通量のデータも実際のところはわからないとなっていました。しかし、わからないだけですませずに、こちら側で需要調査などをして、代替のデータを取ってシンポジウムをやる。本当に交通量が増えるのかというテーマでシンポジウムをやれば、行政側も拒否しにくい。そういう場に誘い込んで論破していくという方法もあると思います。

山の手入れなどにより保水力を高めて治水をしていく「緑のダム」はわりと知られていますよね。しかし、どれだけの面積の山にどれだけの雨が降ったら、どれだけ川の水量は変化するのか。運動の当初、このような定量的なデータはありませんでした。山の保水力をどれだけ高めれば、一五〇年に一度の洪水に対して安全性を高めることができるのか、市民による代替案を出そうということで、住民投票後三〇〇〇万円を目標に第十堰基金という寄付を集めました。結果的に、一五〇〇万円の寄付が市民から集まりました。残りの半分は僕が働きかけて、可動堰の建設に反対の市長がいる徳島市がお金を出しました。

そして、広島大学の中根周歩《かねゆき》先生を中心として、市民でチームを作って、山に調査に行きました。降水量と浸透圧を測る装置を、吉野川に流れ込んでくる山に設置してその平均値を出しました。これだけの山の手入れをすれば、一五〇年に一回の洪水を防げますという代替案を、報告書にまとめて発表したんです。川の環境を壊すのではなく、山の手入れをすることによって保水力を高め、日本の原風景でもあるサスティナブルな環境を取りもどしていく。市民提案の公共事業です。この議論にはまだケリがついていませんが、いずれ実現化していきたいと思っています。

國分　少し懐かしい言葉ですが、「理論武装」という言葉がご著書のなかで何度も出てきますね。署名に向けての準備段階でも、単にシンポジウムをやるだけでなく、情報を出して市民が勉強をしていくという姿勢でやっていらした。

村上　それをいちばんに意識していたんですよね。「マンガ第十堰」という、子どもでも読めるものを作ったりした。

國分　僕は都道建設にあたり、付近住民が決定プロセスから完全に排除されていることをいちばんの問題として訴えてきました。この点では考えは変わっていません。ただ、村上さんのご著書を読みながら、排除されているわれわれ住民が情報を獲得し、勉強を進めて理論武装していくためにもっともっとできることはあったかもしれないと反省しています。もちろん期限が迫っていて時間がなかったという条件はあったのですが。

村上　自己満足にならないように勉強会をしていくというのが大事なんですよね。革新系の人たちの集まりというのは、どこにいっても同じ顔になってしまっています。党や組合の動員や、市民運動マニアの集まりではだめで、普通の一般的な人たちが関心を持って集まってもらう会をどうやって開いていくかが肝心です。

中心になる人が、理解を広めたい、論破したいポイントを絞って、できるだけ行政側を巻き込み、わかりやすい勉強会なりシンポジウムなりを構成していったほうがいいと思います。

われわれは、建設省のパンフレットに赤入れをしたカウンターパンフレットを作ったりもしました。これを見た役人がさすがに激怒したそうです。

國分　これもいいやり方ですね。

政党政治ではない市民政治こそが重要である

國分　村上さんは「政治は選挙からはじまる」とお書きになっています。僕も選挙について意見を求められたことがありますが、実際のところ自分は選挙についてあまり考えてなかったなと思います。

実際の政策決定は、選挙で決まった議員ではなく、行政官僚たちが行なっている。議会はそれにお墨つきを与えているに過ぎない。だから、選挙で議会に関わるだけでなく、実際の決定機関である行政の政策決定プロセスに、住民投票などさまざまなかたちで住民が関われるようにならねばならない。これが僕がずっと訴えていたことでした。しかし他方で選挙の重要性は論を待たない。この点について、実際に市議会議員も務められた村上さんのお考えをお聞かせいただけますか。

村上 「政治は選挙からはじまる」ということを考えはじめたのは、九八年に三木武夫の娘さんである高橋紀世子さんが可動堰反対を訴えたいと参議院選挙に出馬したのがきっかけです。僕が選挙陣営の代表になって取り組みました。しかし、三木武夫は徳島の保守本流ですから、昔の三木派のおじいさんたちや元首長・議員が馳せ参じてきます。彼らは主に建設関係の支持基盤を持っていますが、下請けの会社に運動していくときに、可動堰反対を表立って言っては運動ができないと言うわけです。こうして可動堰反対の公約は、うやむやになっていきました。

現実的な話として、選挙中に何が話し合われているかが当選してからの活動に大きな影響を持つんです。選挙はたいへんで、なかなか当選しません。大きな選挙になるほどむずかしい。僕は市会議員で三回当選しましたが、県議に出て落ちました。そのときに、組織の必要性を感じました。組織全体が候補者の理念に共感して応援するというのは珍しくて、実際には、利権やしがらみがあってこそ応援する。そこから選挙後の活動のかたちが決まっていきます。その意味で、「政治は選挙からはじまる」ということは言えると思うんですよ。

國分さんがおっしゃっていることは、当然僕も大事だと思います。民主党の政権交代では、議会で多数を占めても、大きなマニフェストを実現することができませんでした。また、柄谷行人さんの『世界共和国へ』にも影響を受けたりして、議会だけじゃなく、市民政治こそが大事だと思いはじめました。市民政治には大きな組織力はありません。しかし、先ほどの乳母車の環世界に光をあてるためには、しがらみでがんじがらめの政党政治では無理なんじゃないか。であれば、この環世界に気がついた市民たちが声を上げていくしかないと思います。そういうことをしなければ、時速一キロの世界の声が政治的な声として上がっていくことはありえない。そういう意味で、政党政治ではない市民政治の必要性をすごく感じています。「政治は選挙からはじまる」というのは、事実としてある。けれども、「政治を変えるには選挙しかない」というのもまちがいですね。どちらも大事、というのがいまの僕の考えです。

市民の英知を信用する

國分　住民運動に反対する人は、日本は「間接民主主義」や「議会制民主主義」というかたちで民意をくみとっているのだから、それ以外の手段を出してくるのはおかしいと言うんですね。驚くべきことに、学者でもそういうことを言う人がいます。この点は哲学をやっている人間として、政治哲学の観点からきちんと理論的に反論して、切り崩しておかねばならないと思っています。

政治哲学者の大竹弘二さんは『ａｔプラス』で連載中の「公開性の根源」のなかで、この点に関わる非常に重要なことを指摘されています。一六～一七世紀の近代初期、宗教権威が失墜したヨーロッパは、宗派間の争いに端を発する内戦に苦しみます。そのとき、政治的決定の正統性を保障するものとして、「主権」という概念が発明されました。国家には主権という最高決定権力があるから、国家の決定は絶対だというわけです。これがいわゆる絶対主義国家ですね。この点で重要なのは、宗教的権威に世俗的権威が取って代わったということよりもむしろ、主権が立法権として定義されたことです。国家の最高権力は一定の領域内のルール、すなわち法を定める権力として定義されたのです。絶対主義国家ではこの主権を王様が担いました。いまの民主主義国家では議会がこれを担っています。

民主主義といってもわれわれに許されているのは数年に一度議会に代議士を送り込むこと、すなわち選挙によって立法権に部分的に関わることだけですが、それにもかかわらず「民主主義」ということができるのは、立法権こそが主権であるという近代初期に作られた大前提があるからです。議会は十分に民意を反映していないかもしれないが、しかし、一応、民衆が議会という立法府の構成に関われるわけだから、民衆が主権を担っている、すなわち民主主義である、というわけです。ところが、大竹さんが指摘するのは、立法権として定義された主権によっては、実際の国家は統治されていないということです。実際の統治においては、法は適用されなければならない。そして法の適用は立法権そのものによってはどうにも制御できないのです。つまり、大臣や官僚や警察が立法権のもとで行なう統治行為は、とても主権によっては制御しきれない。近代は立法権として定義された主権によってすべてを統治するという理想を抱いていた。ところがそれは理想に過ぎず、実際には主権のメディアをなす大臣や官僚や警察が統治を大きく担っているということです。

これは僕が都道建設問題で直面した問題に他なりません。たしかに僕らは市議会議員を選んでいる。都議会議員を選んでいる。しかし、小平市の鷹の台付近に道路を造るという決定をしているのは、都庁の職員なのです。僕らは都庁の職員は選べないし、都庁のどこかの部屋で行なわれている政策決定にはまったく関われません。そして都市計画は住民の許可を必要としない。ここに道路を造ることになりましたと「説明会」をやればいいだけです。

こんなひどいことが行なわれているのに、なぜこの社会は「民主主義」と呼ばれているのか。主権が立法権として定義されており、行政は決められたことを粛々と実行する単なる執行機関に過ぎないと見なされているからです。単なる執行機関に住民が関わる必要はない。住民は主権者として立法府（議会）に関わっている。それでもう十分に民主主義だというわけです。住民投票を通じて見えてくるのは、近代政治哲学の根源にある本当に単純な欠陥です。実際には行政が決めているのに、主権が立法権として定義されているものだから、主権者が行政に関われない。この単純な欠陥なのです。

議会制民主主義なんだから議会で決めればいいと言う人の建て前を崩すためには、したがって、一六世紀、一七世紀の近代初期にまで遡って考えなければいけない。すこし小難しい話になってしまいましたが、住民投票は政治哲学の理論的な問題にも関わっているということなんです。

あと、話はかなり変わりますが、宮台真司さんがよく、「住民投票だとポピュリズムになる」という意見はまったくの間違いで、ポピュリズムを止めるために住民投票が重要だとおっしゃっています。住民投票に向けてシンポジウムが開かれたり、チラシなどを通じて情報が広がっていくなかで、住民は知識を得て、考えるという機会を得る。それが意識の高まりを生みます。こういう過程がないと、声の大きい人の意見で物事が決まってしまう、いわゆるポピュリズムになる。僕は小平でも住民のあいだで意識が高まってきたという感触を持ちました。たとえば、近所の知り合いの人と政治の話ができるようになったんですね。これはとても大きなことです。こうした過程を通じて、まさしく村上さんのおっしゃる「市民の英知を信用する」ことが可能になるのだと思います。

村上　議会で議員がいちばん怒るのは、自分に情報が入る前に新聞に情報が出ることなんです。自分よりも市民が先に知るのは許せないというのが、ほとんどの議員の姿勢です。自分が選良だと思っていて、情報に基づいて市民をおさえるのが仕事だと思っている。

國分　地方議員のなかにはいまでもすごく横柄に振る舞っている人がいますね。やはり「議員は偉いんだ」というイメージは残っているんでしょう。僕は学生に「二〇〇〇票ぐらい取れば当選できるから、やってやれないことはない。食に困って、やる気があったら地方議会の議員になれ。とてもやりがいのある仕事だ」と言っていましたので（笑）、地方議会の実態を見てちょっと驚きました。とはいえ、村上さんの経験を知ると、やはり地方議会の議員になるのは本当にたいへんですね。

村上　保守系と呼ばれる議員は既存の地域団体を使うんです。地域団体というのは、体育協会や婦人会、老人会、町内会、自治会などを指します。これは、公の組織ではない。しかし、地域住民にしてみれば、限りなく「公っぽい」組織なんですね。町内会長が出てくれば、シャツを着て出なきゃいかんという感覚がある。公機関に選挙活動はできません。だけど町内会は、公の組織じゃないから、選挙活動ができるわけです。保守系の議員さんはこういう地域の「公っぽい」団体を利用して選挙をしているんです。だから強い。

これが地方議会の底辺部を支えている構図なんです。そして自民党の首長はそういう議員をおさえて市長や知事になる。だから、陳情に対しては働きますが、全体の政策に対して哲学的な考えで立案したり議論をするという感覚がないんです。しがらみこそが彼らの行動原理なんです。

希望を捨てない市民政治

國分　村上さんは選挙資金がほとんどないなかで、実際に市議会に当選されました。選挙にかかったお金は一〇〇万円以下で、それもすべてカンパでまかなわれたそうですね。自転車で徳島市内を回られたり、交差点で一分演説をされたり、いろいろと工夫なさっています。そういう姿勢はたいせつですよね。ネット選挙も解禁になりましたし、いまは自分の考えを発信するのにお金がどんどんかからなくなってきています。

村上　若い人が知恵を出せば、いくらでも新しいやり方が出てくると思います。ただ、選挙をやりはじめると、百戦錬磨の人たちが、選挙はそんなんじゃだめだとかいろいろアドバイスしてくるんですよ。

國分　村上さんがご著書でこうお書きになっていますね。「選挙ではよく、知ったような顔で近寄ってきて「アドバイス」をしてくれる人がいますが、よく聞くと、みんなそれぞれに自分の感覚で好きなことを言っているだけなのです。頼れるのは唯一、自分の信念だけです。躊躇なく自分のやり方を通すのに越したことはないのです」（『希望を捨てない市民政治』一〇〇頁）。これは名言ですよね。選挙以外のことにも広く当てはまると思います。どんな分野にもこういう人がいますよ。学者の世界なんて最たるものです（笑）。

村上 周りの頑張っている若い子たちが、つまらない理由でだめになってしまうことが多いんです。僕の経験からわかったことを残しておいて、本を読めばそれを踏まえてスタートできるようにしてあげたいという気持ちがありました。

國分 そういう意味で、『希望を捨てない市民政治』は、これから住民運動をしなければいけない人にはもちろんのこと、何か新しいことをはじめたいという気持ちを持っている人全員に読んでもらいたい本ですね。本当に実践的だし、この本自体が希望をくれる。

あと、これはまったく僕の個人的な経験ですけれど、『希望を捨てない市民政治』の投票日のあたりの記述を読みながら、自分の小平での経験と重なってぐっと来ました。「阿波踊りで住民投票を盛り上げる」というキャプションがついた写真がありますけど、そのあたりを電車のなかで読んでいたら、感極まってちょっと泣いてしまいました。

村上 投票日のことはとても印象に残っています。町全体に「自治の興奮」という通底音が流れている感じがありました。トラックの運転手さんが近づいてきて、「投票率何パーセントいっている？」と声をかけてくれたんですが、意識しながら運転してくれていることを考えると感動しました。市民は、信用されているという心地よさを感じている。無理やり行かされるんじゃなくて、自分の判断で投票に行くんです。これが共感の輪を作っていました。

僕は「自治の興奮」と書きましたが、みんな静かに興奮しているんですよ。それぞれが投票に行くことに何かを感じている。住民投票という経験で、生まれて初めて市民としての自覚的な行動をした、と感じていたんではないでしょうか。

國分　僕も投票当日はプラカードを持って立っていたんですが、「何パーセントいっているの?」と声をかけてくれる人がいました。それは本当にうれしかった。

村上　僕も國分さんの『暇と退屈の倫理学』を読んでいて、たいせつなのは「エチケット」だと思いました。いま、子どもが蟬の抜け殻を集めることの価値や、乳母車のおばあちゃんたちのコミュニケーションの価値が排除されている。そういう環世界に対してエチケットを払う倫理がいちばん大事だと。

多くの行政主体の事業はそこが欠如していて、経済効率優先の市場にだけ眼を向けているんです。政治行政の原理は、本来そこにあるべきなのに、市場原理に飲み込まれてしまっている。そこに警鐘を鳴らすのが市民政治であり、歯止めをかけるひとつの方法が住民投票です。

哲学者のドゥルーズが、考えることを引き起こすショックのことを「不法侵入」と呼んだと本にはありましたが、まさに市民政治とは、そういう意味の不法侵入ですね。別に法を犯しているわけではありませんが(笑)。

若い人にも、運動を作ったり市会議員に出たりして、どんどん不法侵入していってほしい(笑)。そういう市民政治こそが考えるきっかけを与え、変えていく可能性を作っていく。世界に希望をもたらすのだと思っています。

國分　繰り返しになりますけど、『希望を捨てない市民政治』は本当に多くの人に読んでもらいたいと思います。わかってるつもりで「アドバイス」してくる人はどこにでもいる。それどころか社会に蔓延している。かれらはだいたい「だめ」「無理」と言います。しかし、どんなことだってやってみなければわからない。それは当たり前のことです。現実に存在している可能性のすべてを知り尽くすことなどできないからです。

小平市の住民運動はたしかに五〇パーセントの投票率は超えられませんでした。でも、スーパーの前の公民館の集会所で、一〇人ぐらいではじまった小さな運動が役所を動かし、立派な投票用紙を作ってもらって住民投票をやるというところまでいった。それを通じて、小平の都道問題は全国区の話題になりました。これは都道問題をめぐる小平の住民運動にとっての大きな足がかりです。僕も引き続き自分にできることをやっていきたいと思います。

（二〇一三年六月二九日、リゾートホテル・モアナコーストにて）

『ａｔプラス』一七号、二〇一三年八月

教員は働きたいのであって、働くフリをしたいのではない

白井聡×國分功一郎

白井聡（しらい・さとし）
一九七七年、東京都生まれ。一橋大学大学院社会学研究科博士後期課程単位修得退学。博士（社会学）。専門は、政治学・社会思想。京都精華大学人文学部総合人文学科専任教員。著書に『未完のレーニン』（講談社選書メチエ）、『永続敗戦論』（太田出版）、『増補新版「物質」の蜂起をめざして』（作品社）、『「戦後」の墓碑銘』（金曜日）など。

はじめに

白井　今日は大学の問題について國分功一郎さんとお話しするということで、それぞれの大学に関わる経験から話を始めたいと思います。私たちは二人とも早稲田大学の出身でして、学部学科も同じ、政治経済学部の政治学科を卒業しました。そのあと、私は一橋大学の大学院、社会学研究科に進学し、博士課程まで在籍しました。その後、いくつかの場所で非常勤講師を勤めました。現在は新宿にある文化学園大学（元の文化女子大学）で働いて三年目になります。それから来年四月から京都精華大学人文学部に移ることが決まっておりまして、今転任先でのカリキュラム改革に関わることもしています。

このように、私は私立大学にも、国立大学にも在籍をしていたことがあります。いろいろ

な大学で教えてきたという経験を持っているつもりですので、そういうところから、大学の現状、そして、どういう問題があるのかということを多角的にみることができるのではないかと考えています。

國分　よろしくお願いします。私は早稲田大学を卒業後、東京大学の総合文化研究科という大学院にいました。博士号もそこで取得しましたが、その間には、フランスに計六年留学し、現地の大学でもいろいろな経験をしました。私が留学していたころとは違って、現在ではフランスも日本と同じようなことになっているそうです。大学でも外部資金の獲得が重視され、博士課程に一〇年くらいいる学生は追い出されたりしています。かつて、アジールのように機能していたフランスの大学はもうなくなっている。世界的に、かなり広い範囲で、「改革」という名の何かが猛威を振るっているということは間違いないと思います。

現在は高崎経済大学という、国立大学と同じように独立行政法人化した元公立大学で教えています。地方の公立大学に行ったのははじめてでしたが、学生たちは落ち着いた、非常に良い大学生活を送っています。教授会も非常に良い感じですし、先生も仲が良い。「大学改革」とかいう口実で余計なことしないでくださいという気持ちです。もちろん、そういう大学だけではないということは後ほど話題になるでしょう。これまでの大学のあり方についても、反省しなければならない点はたくさんあります。それらを踏まえた上で、大学改革の問題点を指摘していこうかと思います。

「改革」という病

白井　さて、大学が危機にあり改革が必要だという話題は、もう軽く二〇年以上前から言われ続けています。私の記憶している限りでは、八〇年代から大学のレジャーランド化という批判が盛んになされるようになりました。私が大学に入学したのは九六年ですが、そのころには大学改革ということが盛んに言われて実行され始めました。

そして、私が大学院に進学した二〇〇一年は、大学院重点化政策なるものが動き始めたころです。今でもよく覚えていますが、修士課程に入学して、その学科入学式で研究科長が述べた話の要点が「一橋大学は大学院大学である」ということだったのです。これはどういうことかといえば、一橋の先生といったら一橋大学に所属していると世間一般的には考えられているのですが、公式には違いまして、一橋大学大学院の先生なのです。非常に些細な問題のように聞こえるかもしれませんが、一橋大学に付属して一橋大学大学院があるのではなく、大学院重点化がされた大学においては、大学院のほうが母体となるわけで、公式には一橋大学大学院に一橋大学が付属しているという体裁です。研究科長は、「そういうわけだから、諸君は本学の主役なのであり、その自覚を持って頑張っていただきたい」とかなんとかのたまっておった。

そして、この母体である大学院の重要性を向上させ機能を高めていこうとして、大学院生を大幅に増やすという政策が採られたわけです。これは一連の大学改革においても中核的な政策でしたが、現在、その惨憺たる結果が明らかになりつつあります。それがいわゆる「高学歴ワーキングプア問題」です。私は政治学の分野で研究してきましたが、教育学者の舞田敏彦さんによる統計では、法学・政治学の博士号取得者のうちの三割近くが死亡ないし進路不明となっています。政治学単独で見たらどうなるのか、想像するだけで怖いです。もちろん皆死んでしまったわけではないでしょうけど、死亡の場合、ポスドクの年齢的に、死因はおそらくは自殺が圧倒的に高い率を占めるはずです。「大学の主役」にはこんな運命が待っていたわけです。このような破綻が明らかになり、現在、大学院重点化政策については国も実質的に方針転換をしています。政策が大失敗に終わったということを暗に認めているわけですね。

しかし、果たしてこの失敗の責任を取った人間がいるでしょうか。一人もいません。法科大学院の問題も同様です。非常に高い授業料を課しながら、まったく司法試験に合格させられない。あるいは、合格した先でも、弁護士の年収が八〇万円まで下がるという世界が展開されています。そして、これに関しても誰一人責任を取っていない。残されたのは累々たる犠牲者だけです。

今回、また性懲りもなく改革なるものが叫ばれているわけですが、どうせろくでもないものであり、悲惨な結末を迎えるであろうことは確実ですし、そしてまた誰一人としてその責任を取らないであろうということも想像に難くありません。これまでの失敗に関して、何の総括もなく、誰も責任を取らなくていいのだから、当然そうなります。本当にひたすらうんざりする話です。

國分　ありがとうございます。私からはまず原理的なお話をしてみたいと思います。

今回の改革でよく「ガバナンス」という言葉を耳にします。そこで具体的に意味されているのは、教授会などで民主的な討議をしていると時間もかかって非効率であるからトップダウンで一番上にいる人が素早く決定をすべきだということです。そのほうが改革も早いし、効率的に物事を進められるだろうという通念があり、その通念に基づいて改革が進められています。

しかし、この通念は本当に疑いようのないものでしょうか。具体的に考えればすぐにわかることですが、例えば、大学の授業カリキュラムを改革するにあたって、学長一人に何がわかるでしょうか。最近では外部委員を大学経営の責任者の過半数にするという議論もされています。これは、誰だかよくわからない外部の人間が大学のあり方に口出しするということです。しかし、毎週大学に来ているわけでもなく、教員向けの研修会や授業にも出たこともなく、学生とも教員ともコミュニケーションをとったことのない、そういう人間がどうしてその大学の進むべき道やその大学に必要な改革について判断を下せるのでしょうか。こんなことは少し考えればすぐにわかることです。「トップダウン」や「外部の目」というのは聞こえは良いのでしょうが、具体的な知識を持たない人に具体的な改革などできません。当たり前のことです。

さて、私たちの討議の前にお話しされた大河内泰樹さんは、大学における民主主義のお話をされていました。私自身も、現在進行しつつある事態に対する対抗軸として、民主主義と自治という視点が重要であることに異論はありません。ただし、それと同時に、ガバナンスの視点も重要なのだということを強調したいと思います。どういうことかというと、現在文科省がやろうとしている改革は、ガバナンスの視点から見てダメなものであるからです。「トップダウン」と「外部の目」では、カリキュラム改革すらできません。

たとえば、カリキュラムを改革するためには、その大学の学生の状況と性質、教員の適性、それまでのカリキュラムの性格など、数え切れないほどの情報を総合することが必要です。それは上から眺めたり、外からたまに来てあれこれ言うだけの人間にはわからないことです。というか、外からやってきて改革に参加したいのなら、その人間は、さぼっていないで毎週大学に来て、教員と学生と職員からたくさん話を聞くぐらいのことをしなければならない。「トップダウン」と「外部の目」というのは、楽をして改革しようとすることであって、要するに改革する気がないということです。そこには教員のインセンティヴを高めるという経営学的な視点もない。それでは単に教員のパフォーマンスを落とすだけです。こんな改革案は経営学的に見て失格なのです。

ハンナ・アレントに「政治における嘘」というテクストがあります（『暴力について――共和国の危機』、山田正行訳、みすず書房、二〇〇〇年）。そのなかで、ベトナム戦争時、ドミノ理論を信じていた人物はアメリカ政府に二人しかいなかったという話が出てきます。ドミノ理論というのは、一国が共産化するとその周辺諸国もバタバタとドミノを倒すように共産化していくという理論で、アメリカはそれに基づいてベトナムの共産化を阻止すべく戦争していると言われていました。ところが、政府にもそんな理論を信じている人はほとんどいなかった。要するに一度戦争を始めてしまったから、国民を納得させるためにもっともらしい理論を作り、それに基づいて延々と戦争を続けていたということです。人間は必ず間違いや失敗を犯しますが、民主的な監視や討議を経ずに中心だけで物事を決めていくと、修正ができずにドツボに嵌まっていく、それを教えてくれる最悪の例です。

そうすると、むしろ組織の効率的運営やガバナンスという視点から見て、民主主義がどうしても必要だということになります。民主主義的な公開性の原則がなければ、組織が失敗や間違いを認め、なされるべき修正をなすことは難しい。民主主義がなければ組織のマネジメントができず、効率性が下がっていくわけです。僕はこの点を強調したい。単に「民主主義を守れ」とスローガンを繰り返すだけでなく、なぜ人類が民主主義を選択し、この路線でやることに決めてきたのかを改めて考えなければなりません。

「リーダーシップ」についても同じようなことが言えます。組織のリーダーは、民主的な手続きとやるべき政策の方向性とのあいだを調整できる人のことですね。リーダーはリードする人であって、つまり全体を考えて皆を引っ張っていける人のことです。全体を考えずに、既成のプログラムの実行をただただ求めてくるようなトップは、リーダーではなくて、支配者《ルーラー》です。今回の改革案で押し出されているリーダー像というのは実は、リーダーではなくてルーラーなんです。

組織のトップがルーラーではなくてリーダーたらんとするならば、ものすごくたくさんのことを考えなければなりません。ところが、最近、あらゆる分野で繰り返されている新自由主義的な改革というのは、ほんの少しのパラメーターしか考えないようにするためのものばかりです。大学改革だったら「トップダウン」と「外部の目」です。でも、繰り返しますが、上と外から眺めるだけじゃ組織の内部はわからないんです。中から眺めないとどうしたらいいかはわからないんです。「トップダウン」と「外部の目」というのは、要するに上と外からさらっと眺めてわかるようなパラメーターだけを考えるということ、つまり、一度にたくさんの情報を処理できない、その程度の知性に向けられた改革だということです。

白井　同感ですね。大阪市の橋下徹市長が、それこそ「トップダウン」と「外部の目」というスローガンで、小中学校の校長を公募にしましたね。これがあんまり上手くいかないどころか、壊滅的なことになっています。能力があるとかないとか以前に、ハラスメントを連発するとか万引で捕まるとか、問題外です。でも、こういう結果になったのは、考えてみれば当たり前のことで、まともな人なら、國分さん言うところの「ルーラー」になって、よくわかってもいない現場で権威だけを頼りに各々苦労している部下を怒鳴り散らす、なんてことは誰もしたくありませんよ。応募してきた人たちは、こういうことを好んでしたがる人たちなわけで、まあ、モラルの面で平均を大幅に下回るのも当然でしょう。世の中には岡目八目ということはたくさんありますけれど、教育現場で単細胞的発想で「トップダウン・外部起用」をやっても上手くいかないことは明らかなのです。ところが、このように失敗することがすでにわかっているやり方を、さらに大学にまで広げようとしている。

劣化する大学

國分　しかし、以上の点を強調した上で、こうした改革案が政府から出されていることの意味は考えなければなりません。「大学はこれまで自己吟味を重ねて改革を行ってきたのか？」と尋ねられたときに、日本の大学は本当に胸を張ってそれにイエスと答えることができるのか。「大学の自治だ」「民主主義が重要だ」「大学の自由を守れ」とスローガンを口にすることに甘んじてきてはいなかったか。実際、世間的には既得権益にしがみついている教授会というイメージが広がっていますし、結局、政府もそのイメージに沿って改革案を出してきているのです。そして、そのイメージが完全に間違っているかというとそうは言えない。
大河内さんも強調されましたが、これまでの大学で良かったのかは十分に考えなければいけない。民主主義的な手続きがあったほうが物事を効率的に進められるのだと強調した上で、これまでの大学のあり方をきちんと問い直す必要があるだろうと問題提起しておきたいと思います。

白井 私も、改革が是か非かという問いの立て方には納得できないというのが率直な感想です。つまり、改革を否定することが、ただ教授会の権限を守ることだとされていますが、それで良いのかということです。現実にある教授会にろくでもないものが多いことも確かですから。

これは具体的な経験からお話をすべきだと思いますが、ある大学の教員公募に私を含めて三名の最終候補者が残ったことがありました。面接を経て、その候補者のうち、私は二番手になったのですが、一番になった人が、人事委員会から教授会に推薦をされました。こうして推薦されれば、普通の場合はほぼ採用されるのですが、教授会でそれがひっくり返されてしまったのです。その応募者は他の大学からも内定を貰っていたのですが、人事委員会の責任者から「決まったも同然だし、ぜひうちに来てほしい」と言われて辞退していました。ですから、就職できるチャンスがありながら、土壇場で二つの内定が取り消されてしまったわけです。

私が関係者から聞いたところでは、この一番手の研究者の資質や人間性が問題にされたわけでは全然なかった。その人事委員会の責任者であった教授が彼を率先して採ろうとしたことで、それを気に食わないと考えるほかの教授たちの反対に遭い、教授会で潰されたというのです。この教授が他の同僚から嫌われていたということなのですが、その理由は、以前の学部長選挙で非常に政治的に立ち回ったことで顰蹙を買い、反撃の機会を待たれていたと。つまり、「誰を選ぼうがあいつが主導する人事は通さない」というコンセンサスが教授会でできていて、手ぐすねを引いて待っていたわけです。そしてこの嫌われていた教授は採用を取り消された研究者に謝罪することすらなく、研究休暇で外国へ逃げてしまい、音信不通！

幸いにしてこの被害に遭った研究者は今では常勤職についていますが、こういうレベルのことを教授会はやっているのです。で、こんな振る舞いをしている先生方が、講義では「格差社会の問題が〜」とか「公共性と公正性は〜」とかもっともらしいことを言っているわけでしょ。噴飯ものですよ。こうしたモラルの崩壊による被害が誰に及ぶか、若手の研究者は誰もが潜在的な被害者になっているとも言えます。また今学長の選出をどうするのかが問題になっていますが、選挙で選んでいるからといってそれだけでいいものだとは言えないんですね。週刊誌にあることないこと言いふらしたり怪文書が飛び交ったりするのです。

ですから、いかにシステムや制度が民主的であっても、それを動かしている人間が劣化している限り、うまくはいかない。そして、その部分を政治の側に見抜かれて、攻撃されているということだと思うのです。

國分　おっしゃる通りですね。最近、とある国立大学の教員から聞いた話です。その方が就職したばかりのころ、教授会が行われる部屋に時間通りに行ってみたら誰もいない。事務の人だけがいるので、その人に聞いてみたら、教授会が始まる時間には誰もいないのが通例だと言われてびっくりしたというんですね。僕も非常に驚きました。僕の大学では、チャイムがなると同時に教授会が始まりますので（笑）。

昔、「教授会などは二時間遅刻するのが当たり前」などと大いばりで言っている国立大学教員に会ったこともありますね。

白井　そんな教授会はやらなくてもいいでしょう。だからもう止めてしまえばよろしかろう、と国は言っているわけですね。

國分　「教授会の反対」という口実で大学改革が滞ってきたという歴史があるようですから、国はどうしても教授会を潰したいのでしょうが、その教授会が劣化していることもまた、まちがいない事実ですね。しかし、だとしても――繰り返しになりますが――教授会の代わりにトップダウンのシステムを使えば良いということにはなりません。それでは改革は何もできない。

ただ、政府に対して普段批判的なことを言っているニュースキャスターですら、大学教授会については「強大な権限が与えられている」という批判を平気で口にしているという現状があります。実際に教授会に出ている身からすれば、そこには別に強大な権限も何もなくて、普通の会議として報告や質疑をやっているだけです。だいたい、人事やカリキュラムを教授会が決定しているといっても、他にどの組織がうまくできるだろうか。だから、強大な権限で専制をしているわけでもなんでもなくて、仕事としてやらなければならないことをやっているだけですよ。でもそういうイメージに応える新鮮な言葉や新鮮な改革案が必要なのにうまくそれを打ち出せずにいる。

反知性主義

白井　国会の審議や政府関係者の発言などを見ていても、そこで言われる改革の中身と、われわれが現実に大学で働いていて直面するいろいろな問題とがまったく嚙み合っていない。だから、改革がわれわれが直面している問題に対する処方箋になっていないのです。彼らの言う「スーパー・グローバル大学」とか「COE（center of excellence）」とか——よく「CEO」と混同するのですが（笑）——は、ずいぶんカネを使ってきたはずですが、どのくらい実になったのかはなはだ怪しい。COEがさらに大きくなって「GCOE（グローバルCOE）」となり、さらに「グローバル大学」と言い出し、グローバルだけじゃ足りないというので「スーパー・グローバル大学」と言い出す。来年あたり何て言い出すのでしょうね（笑）。

國分　ヒーローの必殺技みたいだよ（笑）。

白井　こういう言葉を発して赤面しないような知性の持ち主に学問や研究について口を出されたくない。安倍晋三はＯＥＣＤでの演説で「学術研究を深めるのではなく社会のニーズを見据えた実践的な職業教育」と言ったようですが、彼の考えでは学術研究なんか役に立たないんだ、と。きっと安倍さんの人生にとって学術は何の役にも立たなかったのでしょうけれど、それは彼個人の問題であって「学術は役に立たない」という命題を国民全体に妥当させるのは、とんでもない暴挙だと言うべきです。

國分　まったく同感ですが、その点はもう一歩踏み込んで考えてみたいと思います。

というのは、「スーパー・グローバル」とか「学術研究を深めるというよりも社会のニーズを見据えた実践的な職業教育」と言われることに対して、私や白井さん、さらには多くの大学教員なんかは、これを上から目線でバカにすると思うんです。「あいつら、何もわかってない」という感じですね。でも、この目線に対するポピュリズム的反発が非常に強いということを意識しなければなりません。そもそも、「トップダウン」とか「外部の目」というのは、ポピュリズム的な反エリート主義・反知性主義なんです。「特殊な専門家集団にしかわからないことがあるなんて許さない」という気持ちの表れですから。だから、それに対して、上から目線で、「お前らには大学の高尚な理念はわからない」と言っても無駄であるどころか、反知性主義に燃料を注ぐだけです。

実は、これは安倍政権の人気にも通底している問題です。例えば、憲法解釈について安倍首相が「私が最高責任者だ」という発言をして問題になったことがありました。もちろん、とんでもない話です。憲法とは何か、法の支配とは何か、彼がそうしたことについて何も知らないし、何もわかっていないことは明々白々です。しかし、安倍首相としては、「選挙で選ばれたのは俺なんだ。俺は世論の支持を得ているんだぞ。何で俺が決めて悪いんだ」という気持ちがある。これは、民衆の支持に基づいているという意味では民主主義的な気持ちと言えないこともない。そうしたある種の民主主義的な気持ち、あるいは民衆主義的な気持ちが、安倍政権の、これまでの日本の体制に対するほとんど憎悪のような反発を支えている。それに対して、上から目線で何かを言っても何の意味もありません。今の改革案は、そもそもその「上から目線」に向けて作られたものなのです。

かつて、大学の哲学の先生はよく哲学について、「無用の用」と言っていました。でも、それに対して、「そんなこと言って、結局は役に立たないんでしょ?」という不満を溜めてきた人たちがいたわけです。そういう人たちが権力を持って、逆ギレするような仕方で猛攻をかけてきている。今起きている事態は、そうしたことなのではないでしょうか。

白井　出ました！「無用の用」。佐藤優ブームが起きたときに、飲み会の席である大学教員が「佐藤優の○○解釈は全然間違っている」というようなことを得々と喋っているのを聞いて、心底呆れ果てた記憶があります。佐藤氏は「大学の人文学者が研究しているようなちょっと難しい事柄は、実務の上でも大事なんだ、直接的に役に立つんだ」ということを盛んにアピールしているわけで、われわれからすれば大変な援護射撃をしてもらっている。譬えて言うなら、われわれはギロチン台に首を突っ込まれているような状態で、そこに佐藤さんがやってきて首切り役人に向って「ちょっと待ってください、この処刑されようとしている人にはなかなかどうして見所があるのです」と言って、死刑を中止にしようと交渉してくれている。ところが、この処刑される寸前の人物は、その佐藤氏に向って「あんたの交渉の仕方はなってない」などと言って文句をつけている。もうこれは滑稽譚ですよ。

佐藤氏のスタンスが、多分に情緒的な反エリート主義、反知性主義が跋扈するなかで、知性の重要性をアピールして大衆に働きかけようとするものであることははっきりしています。そこのところを汲み取らずに、得意気に「あいつは◯◯がわかってない」などと言って喜んでいる大学人の姿には反吐が出ます。要するに「ボクのほうが物識りなんだよ」と言いたいだけ。で、あんたのその物識りっぷりは何の役に立つのかね、と。最初から役に立てようという気なんかないんですよね。佐藤氏が持っている特定の思想家についての解釈や政治的見解に関して批判するのならば、まずは佐藤氏の知をめぐるスタンスを共有してからの話でしょう。

國分　「無用の用」の言葉に象徴的に表れているのは、やはり緊張感の欠如であったろうと思います。社会が、というか経済がうまくいっていたから、研究においても教育においても、緊張感を持って事に臨まずとも許された、それだけのことでしょう。特に講義についてはその弊害は著しいですね。今の学生たちは非常に真面目に授業に出席します。だから、「最近の大学生は勉強しなくて」なんていうのは嘘です。そういうことを言っている大学教員は、自分の講義がつまらないから学生がついてこないだけなのに、それを学生たちのせいにしているのです。まぁ、いくらなんでも最近は、「最近の大学生は勉強しなくて」なんて愚痴っている大学教員はさすがにいないとは思いますが。

私や白井さんは政治経済攻究会という勉強会サークルに入っていて、大学の授業にはまったく出席せずに勉強していました。そこでマルクスもプラトンもルソーもホッブズも読んだ。もしかしたら今の学生はそういう仕方で勉強するのは苦手なのかもしれない。しかし、その代わりに彼らは講義に出てきているのです。もしかしたら彼らは、自分たちだけで勉強するメソッドを教えてもらえなかった、伝承してもらえなかった、それ故に、教えを求めるようにして講義に出てきているのかもしれません。だったら、その気持ちに教員は応えなければならない。それはつまり、教員が全身全霊をかけて講義に臨むということです。

ある世代の教員は、学生に「不良であれ」というようなことを言っている。「授業なんか出るな」と言う人もいます。最低だと思います。それは、努力してこなかったがために自分の講義がつまらないのをごまかすためでしかない。こんな状況はどうしようもないし、変えなくてはいけない。単に授業の準備を一生懸命して面白い授業をするよう努力すればいいだけのことです。

白井　同感です。授業に関して言うと、制度上の問題も多いと思うのです。留学経験者から聞いたのですが、米国のある名門大学で学生の一週間のコマ数は三とか四くらい。少ないように見えますが、全部ゼミ形式で毎週膨大なリーディング課題が出るし、レポートも毎週提出だから、現実的にこのくらいが上限なのです。レポートは全部念入りな赤が入って返却される。これは理想の教育だなと思いました。一週間に一〇コマ以上講義を受けたって、消化しきれるわけがないのです。必然的に教育の密度が下がるから、教員も気軽に手を抜くことになる。じゃあ日本の大学もこのアメリカの大学みたいにやったらいいじゃないかと思われるかもしれませんが、これができない。なぜなら、文部科学省が単位の基準について法令によってガチガチに縛っているからです。九〇分一五コマの講義で二単位、全部で一二四単位取らなければ卒業にならない。演習・実習は、どれほど実態としては負荷の高いものでも単位として低く見積もられる。実態にはお構いなしに硬直的に単位の基準を定めているから、良い制度を作れないのです。しかも、文科省はこうした現実を無視した基準を厳正に適用しようとしてきている。文科省は「教育研究破壊省」に改称したらよいのではないかと思います。

僕らが大学時代にやっていたことを振り返ると、面白いことに気づきます。僕らは自分たちで勝手に「理想の大学」を作っていたんですね。ゼミ以外の授業にはあんまり出ずに、読書会をひたすらやっていた。大体週二、三回やっていましたから、ほとんどつねに課題図書を読むこととレジュメの作成に追いまくられていました。与えられた制度がしょうもないものなので、その外側に理想に近い学ぶための仕組みを自分たちで作っていたわけです。設計された制度は全然ちゃんと機能していないのだけど、ゆるくしか機能していないので、余白を使って結構いい制度を作ってしまうことができた。だから早稲田大学には、サークル部屋を与えてくれたことに一番感謝しています。今の学生にはそういう能力がないかといえば、そんなことはないと思うんですけどね。今では大学の側が学生の自主性を信じなくなったことが大きな違いだと思います。

本当のガバナンスとは

國分　まとめると、文科省的な大学改革案を批判するにせよ、大学の現状を観察するにせよ、学問の高みから、「上から目線」でものを言ったりするのはダメだということですね。

白井　はい、大学改革と称して行われてきたものはろくでもないものばかりだったし、今進行しようとしているものもろくでもない。では「良い大学改革」を私たちは提示できるのか。確かに理念的にはいろいろなことが言えるのですが、どうやって実際にそれを具体化していくのか。私個人の感覚を正直に言うと、組織としての大学に対しては諦めの感覚が強いのです。

どんなに小さな大学でも教員・職員を合わせて一〇〇名以上の人間が働いています。これは企業組織に置き換えると、結構大きな部類に入ります。このような大組織になると、些細なこと一つでも、動かす手続きが本当に煩瑣《はんさ》になる。「あ、こんなことやったらいいな」と何か思いついたとして、それを実際にできるまで、根回しの数々といくつかの会議で承認を取らないといけないのってことを考えると、一気に気持ちが萎える。「やっぱり止めた」となってしまうわけです。

さらに言えば、これはどの組織でもあることですが、「神輿は軽いほうがいい」という言葉がありますよね。つまり、リーダーの権限はそれほど強くなく、下でそれぞれのセクションの自立性が高く、ある意味勝手放題にやっていて、リーダーが要所だけ見ているというのが理想的な組織のあり方なのです。決定過程がシンプルで機動性が高いですから。このやり方で上手くいっている場合、有能なリーダーなんてものは不必要どころか害が多い。自分は有能だという意識のある人は口を出したがりますから。だからむしろ、リーダーは無能で昼行燈なぐらいがいい。トルストイの『戦争と平和』に描かれたクトゥーゾフ将軍みたいなものです。ほとんど何も言わず、何もしない（笑）。こういうリーダーで機能する組織こそ最強というわけです。ですから、総長／学長のリーダーシップを高めることでガバナンスを強化するという方向性は、理想的な組織のあり方を追求することの逆方向を行くものです。それは真の良きガバナンスではありません。

國分　是非お読みいただきたい記事がインターネットに上がっています。横浜国立大学の室井尚さんが書かれた「国立大学がいま大変なことになっている」というブログ記事です（室井尚ブログ「短信」2014.05.15のエントリー。http://tanshin.cocolog-nifty.com/tanshin/2014/05/post-054f.html）。室井さんがお書きになっているのは次のようなことです。大学改革による学長独裁の危険性が指摘されるが、それはまったく的外れな批判である。これほどまでに権限を集められた学長は、単に、とてつもなく不幸な人である。これからは、とてつもなく頭の悪い人でなければ学長なんて務まらない。というのも、この改革で本当にやりたいことは、口うるさい教授会を潰し、学長経由で、国が全大学をコントロールできるようにすることだからである。学長はいろいろな権限を与えられるけれど、文科省から言われたミッションをこなすだけ。それができなかったらクビになる。そして最初に白井さんが強調したように、そういうミッションをつくった人たちは絶対に責任を取らない。

だから、実際にはランキングなんて上がりません。ランキングを上げようと思ったら、僕らの待遇をもっと良くすればいいだけです（笑）。

白井　ランキングはどうしたって英語圏の大学のほうが有利ですからね。英語圏で作られた土俵にそのままノコノコ出ていっても絶対勝てるわけがない。ランキングによっては可視化できないところで日本の大学には個性があることを売り込んでいかないかぎり、間違いなく失敗します。

國分　室井さんがおっしゃっていることでもう一つ重要なのは、残酷な事実ですが、この法改正に対する反対運動のピントがずれているという指摘です。問題は大学や教授会の自治ではない、なぜならそんなものは二〇年前にとっくに破壊されている、と。こういった主張は言い過ぎという面もあるかもしれませんが、室井さんのおっしゃっていることに僕は同意ですね。それに「自治」という言葉を持ってきてももはや効果はゼロだし、問題はそこですらなくなってきているのだと思います。

繰り返しになってしまいますが、私は大学組織を効率性やガバナンス、マネジメントの視点で考えることは大切だと思っています。経営学も非常に大事だと思います。しかし白井さんが言われたように、この大学という組織は非常に大きな組織であって、そう容易には改革できません。そこに荒療治をやったらダメになるに決まっている。

多くの教員、特に若い教員には、今の大学で一生懸命働こうという気持ちはあると思うんです。僕は自分の周囲を見ていて素直にそう思います。では、どうしたらそういう気持ちを救えるか。

改革側は、現場にある知識をまったく使わないで、「上から決めればいい」みたいな発想でいる。もしそういう考えで会社を経営したら、どうなるでしょうか。結果は明らかですよね。「大学に企業の論理を入れる」と言われますが、企業だって上から命令されるだけではうまくいくわけがない。すぐれた経営者は、いろいろなところからフィードバックを得て、雰囲気を摑みながら経営について考えている。そこには汲みつくしえない知恵があって、だからこそあれだけ多くの経営学の本が出ている。その知識は大学でも生かせるはずです。

白井 はい、トップダウン至上主義は新自由主義的なものの考え方の救いがたい誤りですね。営利企業だって必ずしもそれで上手くいっていない。そうした思考では、ある種のコミットメントというか、学校で言えば愛校心みたいなものが教員にはないとされ、少しでも待遇が良い話があれば移動するとされる。しかし、教える側がそういう心しか持っていない学校で教わる学生が愛校心なんて持てるはずがない。ある一つの大学がどうあるべきか、教える側も教わる側も無関心になる。当事者自身がどうでもいいと思っている組織は当然、大学外の社会からもどうでもいい組織だと思われる。そのような学校は簡単に潰れることになるでしょう。それこそ文科省が狙っていることなのかもしれませんが。

欧米の歴史のある大学は日本より遥かに長い伝統を持っていますから、大学運営の固有性も理解されています。もちろん國分さんの言われた通り、フランスでもかなり大変なことにはなっているのでしょうが、それにしても日本ではネオリベラリズムが極端な出方をしているのではないでしょうか。

國分 日本は極端ですよね。教授会の権限を制限して、入学と卒業、学位授与以外の何も決めさせないとすれば、教授会を開く必要はまったくなくなります。それはいくらなんでも極端すぎる。

白井　微妙な論点ですが、結局のところ慣習によって教授会の決定が実質的な決定になるのだという状態を続けることは、できなくはないはずです。ところが、近年の大学の執行部の連中はこういう具合の見解が政府から出てくると、あっという間にそれを先取りし、自発的隷従をしてきた。そしてそれを学内での業績づくり、出世のネタにする。この二〇年間の改革路線の惨憺たる結果は、「文科省が悪い」「政治家が悪い」という話で済まされるものではなく、実は大学人にものすごい責任があると思う。

國分　対米関係とかでもそうですよね。アメリカがいつも圧力をかけているようなイメージがあるかもしれないけれど、そうではなく、いつもこちらが忖度して勝手なことをするわけです。大学も一緒で、文科省が決めそうだというとき、経営陣がいろいろ忖度して勝手なことをするわけです。そして「うちの大学はこれだけ改革しています!」とアピールする。

白井　例えば、私たちは半期で必ず一五回は授業をやらなければならないとされていますが、実は文科省はそれを本当に厳密に適用させようとしているわけではありません。本気でやるのだったら、一五回の授業をしない大学に対して補助金をカットするでしょうが、現実にはそこまで至っていない。

國分　名門私大のなかには、それにきちんと異議を唱えているところがありますね。もちろん伝統のある、有名な、お金もある大学だからできると言ったらそれまでですが、それくらいの気概を持ってもらいたい。

白井　結局、最後は根性だという話になるんですよ（笑）。

知性と大学の分離

白井　こうした自発的従属が招いた問題の一つが、外国人教員増員の問題です。外国人教員が多ければ多いほどその大学は立派なのだ、という話ですね。しかしすでに外国人教員は語学の先生をはじめ結構いるわけです。本当の問題は数ではありません。優秀な教員がいるかどうかです。それが多いのであればもっと増やしていけばいい。それが道理です。

しかしながら、現実はどうでしょうか。二〇一〇年にセルカン事件という出来事がありましたね。トルコ人のアニリール・セルカンという人物が、プリンストンで教えていたとか、NASAで宇宙飛行士をやっていたとか、スキーのオリンピック代表だったという触れ込みで東大工学部の助教授のポストを得たのですが、博士論文は剽窃の出鱈目で経歴もことごとく詐称だったことが発覚した事件です。彼は職業的な詐欺師で、事態が露呈し聴聞をかけようとしたら、さっさと外国に高跳びをしてしまった。きっと今頃世界のどこかでまた詐欺をはたらいているのかもしれません。ちなみに、博士号の取り消しは、東大の歴史で初のことだったそうです。

これに対してどのような処分がなされたか。東大の教員がセルカン氏に対してお墨付きを与えてしまったことで問題が大スキャンダルに発展したわけですが、その教員に対しては停職一ヵ月の処分しかなされていません。そんなものは、当人にとっては蚊が刺した程度のものでしょう。事の重大さに見合った処分とは到底思えません。業界全体としてまともな総括がなされたとも思えない。そうでなければ、今回のSTAP細胞騒動だって起こらなかったかもしれない。国民から税金の無駄遣いだという糾弾がいつ起こってもおかしくはありませんが、大学にグローバルな装いを加え、見てくれを良くしようと考えている大学は、セルカン氏のような、一見華やかな経歴に容易に騙されてしまう。東大工学部はセルカン事件を契機に博士論文審査のガイドラインを見直したということらしいですが、結局小手先ではないですか。本質的に重要なのはマインドセットです。グローバル化のかけ声のなかで今や大学人のマインドは堕ちるところまで堕ちたのでしょう。「外国人教員の多い大学＝グローバルなエライ大学」という世界観は、表参道あたりの洒落オツなカフェにそっくりです。あの辺のカフェでは、オープンテラスで大型犬を連れた白人男性がいつもコーヒーを飲んでいますね。彼らはもちろん店からおカネをもらっているのです。言うまでもなく、こういう場所で高くて美味しくもないメシを「俺ってオシャレ」と思いながら食うほどダサいことはない。

おそらくこれから外国人教員比率の数値目標が導入されてくるでしょう。世界中のセルカンさん、さあどうぞいらっしゃい、僕らからむしり取ってください、と言っているようなものです。

國分　セルカン事件を出発点にして、今の大学人事のあり方を広く考えてみることができると思います。現在の人事では、ある種の点数主義、すなわち、数個のパラメーターを用意し、そこに点数を配分して、その合計点で評価を下すというやり方が徹底されつつあります。そのパラメーターだけで人物や業績が評価できるのかとか、パラメーターの合計が本当に人物や業績の評価につながるのかといった疑問はまったく提示されていません。この単純思考が、新自由主義の帰結なのです。

数個のパラメーターの総合点で人物を選んでいたら必ず間違えますよ。人事というのは、つまるところ、人物の全体を摑む勘のようなものを絶対に排除できない。だからこそ、面接などがあるわけです。点数主義を貫徹するならば、面接などする必要はない。こうした単純思考の点数主義がここまで力を持つに至ったことの一つの原因は、近代経済学の隆盛にあると思いますね。需要と供給で値段が決まるというような考えですよ。まぁ、今、行動経済学などが盛んになって、近代経済学も猛スピードで進化していますが、社会が古い「近代経済学」的思考に取り憑かれている。

白井　そうですね。近代経済学そのものが自然科学を模倣しながら体系化を図ってきました。そして、今日の事態に至るまでの大学改革を主導してきたのは、笙野頼子《しょうのよりこ》氏が呼ぶところの「理系カルト」の精神に他なりません。今の自然科学研究の方向性自体にも問題点があるのでしょう。しかし、その問題点については何らメスが入らないまま、同じやり方が全学問領域に押し付けられようとしている。

そう考えると、知性と大学という空間とが、分離を起こし始めているのではないでしょうか。この考えを突き詰めると、大学なんてもうどうでもよいのではないか、ということになるかもしれませんが。

國分　私たちは理系の人も交えて、討議をするべきかもしれませんね。

白井　対話が必要だと思いますし、研究の方向性から研究者の雇用の問題に至るまで状況全般に対して強い問題意識を持っている理系研究者も少なからずいます。例えば、作家の円城塔さんは、もともと理論物理学の研究者だったわけですが、その彼が「ポスドクからポストポスドクへ」という文章を『日本物理学会誌』に寄せています（二〇〇八年）。これが素晴らしくかつ凄まじい文章で話題になりましたが、物理業界ももう先が長くないんだろうなと思わせる文章です。要するに、今のやり方で改革なるものを進めていけば、文理を問わず、日本の学術世界が全般的に崩壊するのではないか、ということでしょう。

國分　つまり、問題なのは理系というより、その一部がなぜか強力な支配的モデルになってきていることだと思う。

たとえば理系だと、論文の基本は共著形式という分野がありますね。それは私たち文系からしたら想像もできないことですね。どのように執筆しているのか、見当がつかない。そして、すべての理系がそうであるわけでもない。つまり理系・文系と言っても、各々の分野によって論文の書き方も違えば、評価の仕方も全然違うわけです。

それなのに一部の理系科学が極端に力を持ち、有名なジャーナルに査読付き論文が掲載されることが最も重要であるといった観念が、他の分野にも広まってしまった。今では、哲学の分野でさえ、そうした意識に侵食されてしまっている。

白井　そうですね。理系に倣えというとすぐに持ち出されるスローガンは「産学協同」です。産学協同ということで言えば、僕らほど熱心にやっている人間は少ないでしょう。出版産業と共同しながら、一般読者の手に届く本を出しているわけですから。しかし、産学協同に意欲的で偉いねなどといわれたことはありません（笑）。どうやら僕らの関わっている産業は産業に数えられていないらしい。

國分　本当だよ（笑）。僕ら二人は、新聞各社、テレビ各社、出版各社とまさに産学協同というべき仕方で仕事をしている。つまり、今大学に関して言われている「産学協同」も、特定の形態の「産学協同」にすぎないということです。結局のところ、使われている言葉の意味が非常に偏っているのです。最初にお話しした「ガバナンス」や「効率化」といった言葉についても同じでしょう。それらは大切なことですが、文科省的な改革では歪な仕方でしか理解されていない。歪な力が押し付けられつつあるということです。

教員は働きたいのであって、働くフリをしたいのではない

國分　最後に一つ加えさせてください。

先ほど白井さんから、結局は根性だという暴言がありました（笑）。あまり言いたくはないのですが、私たちが続けていくであろう反対にもかかわらず、残念ながら「改革」は進められていくでしょう。そのときに、抜け道を探して脱出していくという発想が必要になるはずです。もちろん、正面から闘っていくことは重要ですが、それと同時に改革の圧力を逸らしていく工夫も必要になるはずです。

例えば、外部に対して業績を公開しろという圧力は現在でも強いわけですが、年度末にA4一枚程度のレポートをホームページ上で公開するぐらいは何てことはない仕事です。そうやって工夫して圧力を減らし、大学内部のそれまでの伝統や慣習を維持する、そうした努力は今後必要になるはずです。こうした工夫をしないまま、大学側が国の意向を忖度して改革を進めれば、現場はグチャグチャになってしまいますよ。

白井　ミニマムな抵抗が重要だということだと思います。個人レベルでも組織レベルでも、馬鹿馬鹿しいことには極力付き合わないことが抵抗になります。

私自身の経験から言えば、早稲田大学や多摩美術大学で非常勤講師を数年続けてきましたが、授業アンケートが毎年実施されます。学生が私の授業に対して持った感想がまとめられ

て送られてくる。まあそこまではいい。参考になることが書いてあることもありますから。問題はその先です。アンケートを受けた授業改善案の提出が求められるのです。しかし、私は一切それを出していない。

なぜなら、どうすれば授業を良くできるかといったことは、アンケートがあろうがなかろうが私が年がら年中考えていることだからです。だから、そんなことをわざわざ書く必要がないので書きません。で、興味深いことには、提出しないことへの文句が大学側から来たことは一度もないのです。もしそれが来た場合には、提出の条件として改善案に対して大学側から返答をよこすことを求めようと考えています。改善案を出しなさいという文書は、大体は学部長や教務部長から来ますから、「かくかくしかじかの現状があるから、かくかくしかじかの改善をするつもりだ。ついては学部長、あるいは教務部長の立場からこの改善案に対してどのように考えるか、回答せよ」と。大学が命じて教員に是が非でも書かせるというのなら、それに返答をするのは当たり前だろうということです。

結局、何が起こっているかというと、恐るべき形骸化であり、形式主義の横行なわけですよ。学校側が不断の改善をしているという体裁を作りたいがために、このようなレポートを教員に出させている。もちろん、そんなレポートを本気で書く教員はいません。そして、書かれたレポートを読む人間もいないのです。こういうのを、「働くフリ」という。働くフリをすることが、本当に働くこととすり替えられている。やがて皆、働くフリをするのに忙しくなって誰も働かなくなる。まさに病理です。私は働きたいのであって、働くフリをしたいわけじゃない。

國分　名言だね(笑)。今回の対談のタイトルにしよう!

白井　かつての現存社会主義体制の世界では、「われわれは働くフリをする、政府は支払うフリをする」という名言がありました。こうなったらもうオシマイです。われわれ教員は働きたいんですよ。そして、大学で働くこととは、学生を教えることと研究をすることであり、誰も読まない書類を書くことでは断じてないのです。教員が正しく働ける環境が整えば、研究も加速し、ジャーナルへの引用件数も増加し、学生の学力も向上します。これが大学をより良いものとするための本筋であり、他に道はないはずです。

『現代思想』二〇一四年一〇月号

Ⅳ

辺野古を直感するために

撮影　岩沢蘭

今年、二〇一五年年三月二七日から二九日の三日間、私は沖縄に滞在した。沖縄を訪れたのはこれがはじめてである。フェイスブックで知り合いになった平田まさよさんから、ぜひ那覇のジュンク堂でトークショーを行って欲しいとお誘いを受けたのがきっかけだった。昨年来、何とか辺野古を見に行きたいとは思っていたが、なかなか踏み出せずにいた。その機会が訪れた。私はトークショーの次の日に、一日かけて辺野古を案内してもらうことになった。

いま、沖縄県名護市辺野古に、アメリカ合衆国海兵隊の新しい軍事基地が建設されようとしている。これはつまり、日本の国内に外国の軍隊の新しい基地が作られようとしているということだ。何の事情を知らなくとも、この事実だけで何かがおかしいと感じられる。現地では大きな反対運動が起こっている。選挙でも建設反対の意思が何度も確認された。ところが日本国政府は知らぬ振りをして、外国の軍隊のためにせっせと仕事をしている。このこともおかしい。

政治的な問題を考える時、最初にある素直な直感はとても大切である。人は何ごとについ

辺野古の海とキャンプ・シュワブ

ても直感を得るわけではない。したがって、たとえ事情に通じていなくても、「これは何かおかしい」という感覚が得られたならば、それだけで貴重である。そこからは「なぜこうなっているのか?」という問いかけが生じ得るからだ。その意味で、いかなる直感も大切にされねばならない。直感を得られたということそれ自体が、関心の芽生えを意味している。

いま辺野古で起こっていることについて、私は「これはおかしい」と直感していた。沖縄を訪れる前、僅かではあったが現地の事情を自分で調べてみて、その直感は強まっていった。そして現地に赴き、その直感は非常に強固なものとなった。この記事を読んでくださっている読者の中には、私と同じように辺野古を直感している人も多いであろう。もしかしたら基地建設反対の意見を持っている人が、大多数かもしれない。だが他方で、辺野古で何かが起こっていると知ってはいても、何も直感していない人も少なくないかもしれない。直感とは不思議なものであって、同じことを体験しても、それを得る人と得ない人がいる。

この辺野古訪問記の目的は、より多くの人に辺野古について直感してもらうための材料を提供することである。なるべく事実関係の解説も織り込んでいくつもりだが、それについては他にも適任の方々がたくさんいる。むしろ、私のように辺野古について直感している、あるいは直感しそうであるが、この問題についてうまくアクセスできずにいる、そのような方々の一助となることを目指したい。

私は現地にいくまで「辺野古」を、「へのこ」とではなく、「へのご」と発音していた(自分のパソコンがこの地名をうまく変換しないのは、日本語ソフトの出来が悪いからだと思っていた)。私の知識はその程度のものである。だが幸いにも私は、自分の辺野古についての直感を確かめに、現地にまで赴く機会を得た。辺野古について直感している人や直感しそうな人であっても、誰もが辺野古を訪問できるわけではない。だから、私はこの貴重な機会をそのような方々と共有したいのである。

＊

二八日、午前九時三〇分。那覇市内のホテルを出発する。昨日の雨模様とは打って変わって、見事な快晴である。那覇に招待してくださった平田さんとそのご友人の内間ルミ子さんに、車で辺野古まで連れて行っていただく。

道中、前日のトークイベントの話になる。イベントは平田さんが企画してくださり、ジュンク堂書店の細井店長に直接交渉して実現したものだった。平田さんは書店員でもなんでもなく、一人の客に過ぎない。もちろん私としては感謝の気持ちでいっぱいだが、それより何より、この行動力を前にしてとてもすがすがしい気持ちになる。

実は、前の日のトークイベント後の打ち上げでも、すがすがしい行動力の話を聞いた。打ち上げに参加してくださった親泊仲眞《おやどまりちゅうしん》さんは、なんと二〇年ほど前の一九九二年、精神分析家・哲学者のフェリックス・ガタリを沖縄に招待したチームのメンバーであるという。沖縄に来て、ガタリの名前が聞けるとは……。私はガタリの本を翻訳した経験があるので、ずいぶんと驚いた。「ガタリを沖縄まで呼ぼうって話になったんですよ」と親泊さんは水割りの泡盛を飲みながら楽しそうに語ってくれた。これまた、なんとすがすがしい行動力であろうか。

思い起こせばガタリは、沖縄の地で、彼が晩年になって取り組んだエコロジーの思想を語ったのだった。そこでは自然環境だけでなく、社会的諸関係、そして精神という三つの軸を同時に思考する「三つのエコロジー」が構想されていた（フェリックス・ガタリ『三つのエコロジー』平凡社ライブラリー）。沖縄、植民地主義、基地建設、自然環境、エコロジー、民主主義、抗議行動。様々な言葉が、何かの必然性をもって結びついているかのように頭のなかで回りはじめる……。

さて、辺野古の名前は聞いたことがあっても、あるいはまた、地図で辺野古の位置は知っていても、那覇市内からどれぐらい離れているのかについては、なかなか想像できないかもしれない。我々の車が辺野古に到着したのは十時半頃のことであった。約一時間。意外に近い。

辺野古の集落に車を停める。ここから漁港まで散歩する。歩きながら平田さんに、沖縄の建物のこと、道に生えている木々や植物のことを説明してもらう。福木《ふくぎ》と呼ばれる木がいくつも生えている。これは沖縄の人が大好きな木だという。防風や防火の意味も込めて植えら

辺野古の漁港付近を歩く平田まさよさんと筆者

れたものらしい。通りの雰囲気がどことなく、一度訪れたことのある北アフリカを思い起こさせる。海の近くだが、潮臭さがなく、風がさわやかであるからかもしれない。

漁港では浅井大希さんという方にお会いして、辺野古の事情を詳しく説明していただくことになっていた。浅井さんに案内をお願いできたのも、平田さんのおかげである。海に着くとちょうど浅井さんが車で到着されたところだった。浅井さんは愛知県の出身だが、沖縄に住んでもう二二年になる。大学の法学部を卒業後、しばらくは法律事務所で働いていたが、沖縄の女性と結婚してこちらに移住された。移住後に家具や建具の制作を始められ、沖縄の棟梁に師事して建築も手がけるようになった。現在は一級建築士、大工として住宅の設計から施工までを行う。

浅井さんに辺野古の案内をお願いできたことは本当に幸運だった。これほど充実した辺野古訪問は、浅井さんの解説なしでは考えられないものだった。辺野古基地建設問題との関わりについて、浅井さんご自身はこのようにお書きになっている。

辺野古の基地問題は、次男が一歳の一九九六年、日米両政府が普天間飛行場の返還に合意したことに始まります。以後一八年、この間も米軍による事件・事故は数限りなく起こり、抗議の県民大会が何度も開かれ、そこに家族でどれほど参加したことでしょう。〔…〕抗議の集会には、家族でできるだけ参加してきました。しかし、生活の基盤作りに取り組むのに精一杯で、辺野古の基地反対運動に積極的に関わることはしてきませんでした。でもいよいよとなったら辺野古へ行こう、阻止行動に参加しよう、その気持ちを忘れたことはありません。妻と口に出して話し合ったことはありませんが、お互いにその日がくることは分かっていました。

（浅井大希「絶対に造らせない——辺野古の新基地」二〇一四年九月三〇日発刊『たぁくらたぁ』34号）

この文章の全文を引用できないことが残念である。これは辺野古基地建設問題の経緯と、それに対する反対運動の展開を、実にコンパクトにまとめた名文であり、是非とも広く読ま

浅井大希さんに辺野古の海の状況を伺う

れることを期待したい。

浅井さんと最初に向かったのが、辺野古漁港付近の浜である。辺野古の映像として、フェンスで分断された砂浜をよく目にするが、あの砂浜である。フェンスには、基地建設への抗議の意を記したプラカードやリボンがたくさんくくりつけてある。そのフェンスを左手に見ながら、浅井さんが海を指さし、「あの大きな船が、海上保安庁の巡視船ですね」と教えてくれた。

この海ではいま、基地建設のための海底ボーリング調査が行われようとしている。基地建設に反対する住民たちはそれに対し、漁船やカヌーで抗議活動を行っている。海上保安庁（通称「海保」）の巡視船は、そうした抗議活動を排除するために、いまこの海に来ている。

少しずつ、計画されている米軍基地の説明をしていこう。この浜のフェンスの向こう側は、

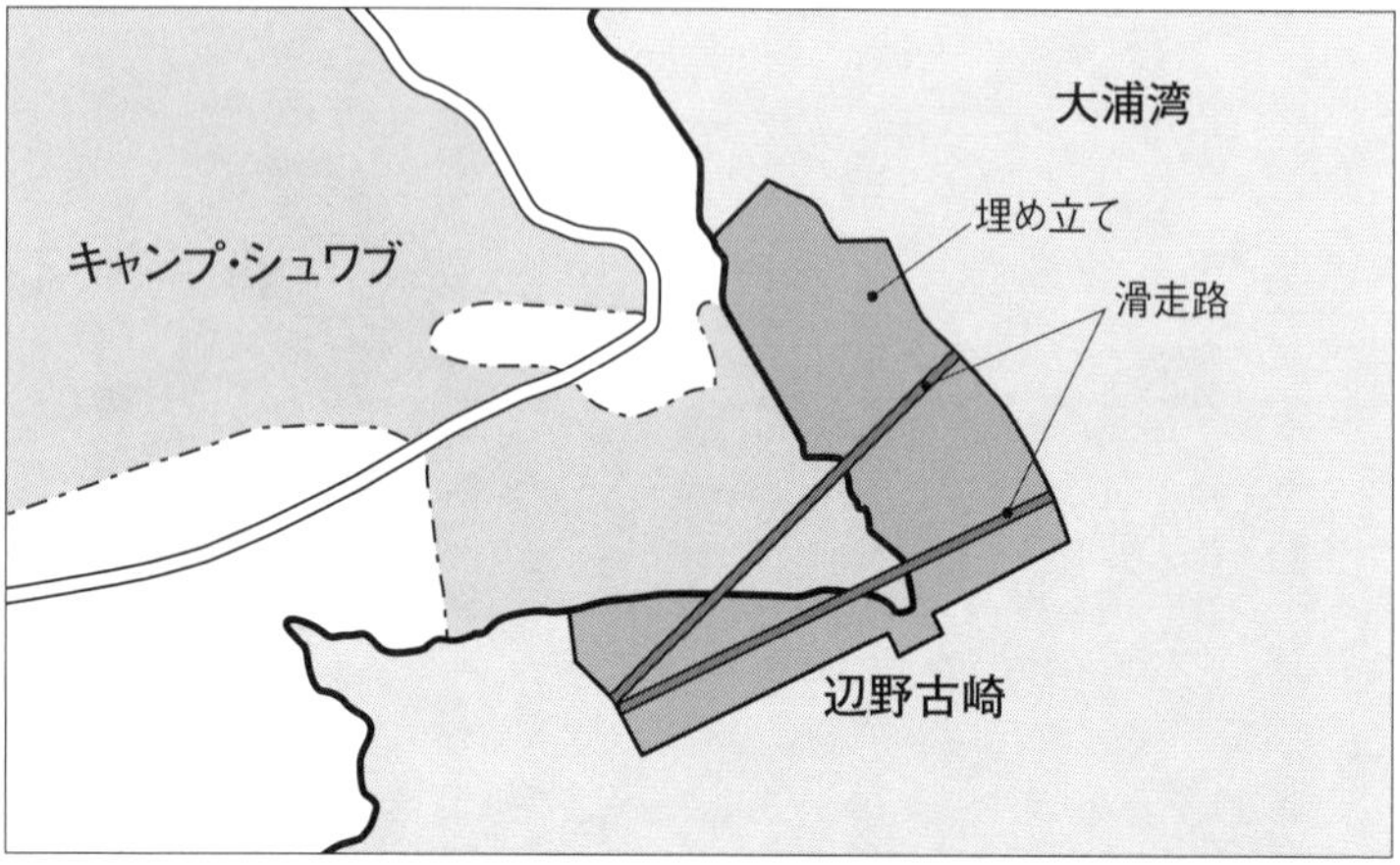

キャンプ・シュワブのある辺野古崎周辺の海を埋め立て、そこにV字型の滑走路2本を建設するのが計画の骨子である

キャンプ・シュワブという名称の米軍海兵隊基地である。辺野古の新基地というのは、既に存在するこの基地を大幅に拡張する形で建設されようとしている。

浜に面していることから分かるように、キャンプ・シュワブは海沿いにある。その海をダンプ三五〇万台分もの土砂で埋め立て、V字型の滑走路を建設するというのがこの計画の骨子に他ならない。埋め立てによって、水深の深い箇所が利用できるようになるため、そこに強襲揚陸艦と呼ばれる巨大な軍艦が帰港できる軍港も作られることになっている。また、内陸部には巨大な住宅団地、即ち兵舎の建設も予定されている。キャンプ・シュワブには大きな弾薬庫もあるから、もし新基地が建設されれば、弾薬庫、滑走路、軍港、兵舎、訓練施設を備えた巨大な総合的軍事基地がここに出現することになる。

五〇〇〇億円は下らないと言われるその建設費用は日本政府が負担する。

ボーリング調査が完了しなければ、二〇一五年夏からの実施が予定されている海の埋め立ては行えない。漁船やカヌーによる抗議活動は、この調査を何としてでもストップさせようとしている。一〇年前、辺野古の海上ヘリ基地建設のためにボーリング調査が行われた際には、抗議運動は、調査用のやぐらを撤去させることに成功している。今回も、実際に調査を行っているスパット台船に乗り込み、そこに座り込んでの抗議を目指しているのだが、ほとんど実現していない。海保が非常に激しい排除行為に出ているからである。

現在、海上での抗議活動を行うカヌーや漁船に対する海保の暴力的な対応が、「過剰警備ではないか」と非難を浴びている。海保は、日本沿岸水域での海難防止や安全の確保、各種法令の遵守などを任務とする行政機関である。海の安全を守る大変重要な組織だ。その組織が、海上での抗議活動という政治的意見表明を取り締まるために利用されている。

政府は工事着工に合わせ、昨年七月一日、辺野古沖に新たな立ち入り制限水域を設定することを閣議決定。翌日二日に官報に告示した（閣議決定だけでこのような重要事項を設定できるのかどうかが疑問視されており、法的根拠も曖昧であることが指摘されている）。黒いゴムボートに乗った海保の職員たちは、この臨時制限区域への船舶等の立ち入りを阻止するためにここにいることになっている。確かに立ち入りが禁止されているのだから、その区域に立ち入った船舶等があれば、それに対し、区域からの離脱を指導することは正当な業務遂行と言えよう。

ところが、その「指導」は、工事着工当初から、非常に暴力的なものであった。ゴムボートでカヌーに体当たりして転覆させるとか、無理矢理にボートに引き上げるとか、そうした行為が繰り返され、何度も報道されている（因みに、海上保安庁の黒い「ゴムボート」は、ゴムとは名ばかりでトラックのタイヤのような固さである。価格一〇〇〇万円程度の高性能・準軍事仕様で、四〇〇馬力のエンジンを積んでいる。普通の漁船が一〇〇馬力というから、その四倍の力でカヌーに体当たりしてくるわけである）。

たとえば一例を挙げるなら、私が辺野古を訪れる少し前の三月一〇日には、臨時制限区域を示すように設置された浮具を越えた男性二人の乗るゴムボートに、後方から追走した海上保安庁の特殊警備救難艇「あるたいる」（約五トン）が衝突するという事件が起こっている。ボート後部に乗っていた男性に、「あるたいる」の船首が乗り上げる写真が報じられた（『琉球新報』二〇一五年三月一一日）。「調査が行われる区域での航行は危険であり、海保の行動は安全指導の一環」というのが当初からの海保の説明だが、衝突時には海上での作業は行われていなかった。

しかも、海保による取り締まりや解除行動は、実際のところ、当初から、堂々と、臨時制限区域の外側で行われている。工事が着工したばかりの昨年の八月一五日、海上保安庁は巡視船一六隻、ゴムボート約二〇艇を投入。抗議船やカヌー、更には報道陣の船までをも追尾するとともに、制限区域の外にいた三人の身柄を拘束した。その際、はじめてけが人が出た

（『琉球新報』二〇一四年八月一六日）。

今年二月には、カヌーに乗って抗議していた八人を拘束した後、沖合三キロの外洋まで連れて行き、その場にカヌーとともに放置するという信じられないような事件も起きている。現場海域は波のうねりがあり、自力で岸に戻るのは困難な状況であったという。抗議船が救助に来たことで、八人は危うく難を逃れた。『琉球新報』は社説でこの事件を取り上げ、海上保安庁の暴力行為を強く非難した（「〈社説〉市民を外洋放置　海保は海守る原点に戻れ」二〇一五年二月四日付『琉球新報』）。同社説は、その他、カヌーに乗っていた男性をいきなり海に突き落とす、抗議船に乗っていた女性監督に馬乗りになる、カヌーの男性の胸を強く押さえ付けて肋骨を骨折させる、カヌーの乗船者からパドルを奪い取って海に放り投げるなどの海保のこれまでの数々の暴力行為に言及している。

これではどう説明しても「安全指導の一環」とは言い逃れできそうにない。今年一月には、海上保安庁による目に余る暴力行為について、沖縄県選出の参議院議員糸数慶子氏が国会でこれを非難し、政府に説明を求める事態にまで至っている（糸数慶子「名護市辺野古における海上保安庁による過剰警備に関する質問主意書」平成二七年一月三〇日提出）。だが、状況は少しも変わっていない。

不当と思われる取り締まりや暴力行為が繰り返されるこのような状況においては、全体が、いかなる目標をもって動いているのかを見定めることが重要である。個々の事例を検証し、その不当性を訴える、場合によっては法的手段を用いることはもちろん必要である。だが、個々の検証作業の中で、全体が何を目標としているのかが見落とされてはならない。

海保の目標は明確である。それは、抗議活動に来る人々を恐怖させ、抗議活動そのものを萎縮させることに他ならない。極めて積極的に行われる排除行動はその現れである。海上の安全確保を目指しているのであれば、海上で「調査をやめてください」と訴えているだけの人々を乱暴に扱ったり、拘束したりする必要はない。彼らに恐怖心を植え付け、運動を萎縮させるために、「安全指導」を行っているわけだ。

浅井さんが、ふとこんなことをおっしゃった。「國分さんの『統治新論』に、警察が法律を都合のいいように解釈して適用するという話があったけれど、それがまさしくここで行われている気がするんですよ」。『統治新論』（太田出版）は、今年の一月に出版した、政治学者の大竹弘二さんと私の共著である。浅井さんが参照されたのは、その中にある次のような議論である。

法は制定されただけでは何ものでもなく、実際に様々な具体的事例に則して解釈され、執行されなければならない。すると、実際の法の運用は、法の制定に劣らず重要だということになる。いや、或る意味では法の運用のほうが重要であると言ってもいいかもしれない。なぜなら、法の性格を決めるのは、書かれている条文そのものではなく、その運用の仕方であるからだ……。大竹さんはこの点を次のようにまとめていた。「極端に言えば、日々の運用のなかで、法はたえず新たに制定され続けているとさえ言うことができます」(七〇頁)。海上保安庁の「安全指導」もまた、法令に様々な創造的解釈を施すことによって正当化されている。海に突き落とすとか、馬乗りになるとか、沖に置き去りにするとかいった行為が「安全指導」でないことは常識であり容易に理解できることだが、むしろ法律の運用がそうした解釈を可能にしてしまう。

浅井さんのこの発言は私にとって大きなヒントになった。この後(昼食を挟んで)、ゲート前の抗議運動を見にいくことになるのだが、その運動方法を記述するためのアイディアが、この時に得られたように思われるからである。

＊

カヌーや抗議船による辺野古海上での抗議活動は、座り込みによる訴えを目指す非暴力的なものである。だから、臨時制限区域に立ち入ったり、そこに近づいたりするだけで暴力を振るわれるという現状はどうやっても正当化できない。だが、読者の中には、「制限区域は制限区域なのだから、そこに立ち入るのはおかしいのではないか」と感じる人もいるかもしれない。また、本土のマスメディアが時折、辺野古海上での衝突を報じるが、そうした報道に触れた人の中にも、同じような感想を持つ人がいるかもしれない。

辺野古の現状を理解するためには、当たり前のことだが、事態の背景と、ここに至るまで

辺野古漁港脇のテント村。案内所になっている

の歴史を知らなければならない。もちろんここでは詳細な検討は望めない。その輪郭だけでもイメージできるようになることを目指そう。

辺野古の新基地は、沖縄県宜野湾《ぎのわん》市にあるアメリカ海兵隊普天間飛行場、通称「普天間基地」の代替施設としてその建設が計画されたものだ。前沖縄県知事の仲井真《なかいま》弘多《ひろかず》氏は、普天間基地の県外への移設を公約に掲げて二〇一〇年に再選された。ところが、一三年一二月に突然、公約を翻し、辺野古移設を認める埋め立て承認をした。同年三月、政府が辺野古沿岸の埋め立てを申請した際には、「理解できない」「日米両政府がいくら決めても（辺野古移設は）事実上無理、不可能ですよと申し上げてきた。その考えに変わりありません」と述べていたのだから（『日本経済新聞』二〇一三年三月二三日）、この公約破りは衝撃であった。政府はこの後、仲井真氏による「承認」を、錦の御旗のように掲げて工事を正当化していくことになる。

　これに対し沖縄の住民たちは、この上なく民主主義的な手続きで抗議の意を表明してきた。二〇一四年一月の名護市長選では、辺野古の基地に反対する稲嶺《いなみね》進《すすむ》氏が再選された。名護市議会もまた反対派が多数派を占めている。同年一一月の沖縄県知事選では、辺野古基地建設に反対する翁長《おなが》雄志《たけし》氏が、現職の仲井真氏を破って当選した。同日に行われた那覇市長選でも、米軍基地問題を最大の争点に掲げた城間《しろま》幹子《みきこ》氏が当選している。同年一二月に行われた第四七回衆議院選挙では、辺野古基地建設に反対する野党側が全四選挙区を制した。これほど明確な意思表示があるだろうか。というか、これほど明確に民意が示される争点というのも、政治史上、珍しい事例というべきではないだろうか。

　辺野古の工事は、こうした民意の表明を無視して行われている。さて、政府が民主主義的な意見表明を無視する場合、いかなる抗議の方法があるだろうか。辺野古の抗議運動は、ここまで自分たちの声を無視され、踏みにじられても、絶対に暴力に訴えかけなかった。海の上で「調査をやめてください」と訴え続け、工事車両に「帰ってください」と詰め寄る。そうしたやり方で抗議運動を続けてきた。抗議の異を唱える人たちに、「なんで臨時制限区域に立ち入るんですか？　なんで近づくんですか？」と尋ねる人がいたら、その人はまず政府に、「なんで選挙での民意の表明を無視するんですか？」と尋ねるべきである。前者の問いかけのみに拘泥することは、公正なフリをして権力者にはへつらう、そのような態度であると言わねばならない。

＊

浜で浅井さんから海上での抗議活動についてお話を伺った後、すぐ脇にある「へのこテント村」を訪れた。「座り込み○○○○日」と書かれた看板の写真を見たことがある人もいるかもしれない。もともと、ここは「作業ヤード」と呼ばれる工事のための資材置き場になる予定だったが、稲嶺市長がそれを認めず、現在も現状が維持されている。かつては運動の拠点であったが、今ではここを訪れる人の案内所の役目を果たしている。新聞の切り抜きがテントの内側にたくさん貼ってある。

私がテントにいたのは一五分ほどだったが、その間にも七、八人の人がテントを訪れ、基地問題についての説明を受けていた。政治運動というのはなかなか難しく、先鋭化しなければ戦えないが、先鋭化すると新しく関心をもってくれた人が入りにくいというジレンマを常に抱えている。その点、辺野古の運動はうまくバランスをとっているように思われた。このような案内所を作り、誰でもすぐに見に来れるようにしてあるところはさすがである。

フランスの日刊紙『ル・モンド』は三月二五日、「日本の中の沖縄の孤独な闘い」という記事を掲載し（« Au Japon, le combat solitaire d'Okinawa », *LE MONDE*, 25.03.2015）、日本政府の対応を批判するとともに、日本の国内メディアが沖縄の緊張状態をほとんど伝えていないこと、讀賣新聞は知事の「妨害」を批判し、朝日新聞は「住民の反対を押し切って建設される基地の国防上の貢献」についての問いを発するにとどまっていることを紹介した。マスメディアの状況は確かに酷い。だが、辺野古の新基地建設問題は着実に関心を集めているようにも思われる。浅井さんもそのように感じつつあり、実際、テント村には人々が継続的に訪れている。この後我々は、弾薬庫に近い「第三ゲート」と呼ばれる場所に移動して海を眺めたのだが、そこでは、東京から辺野古を訪れたご夫妻にお会いした。「私も東京の小平から来たんです」と何気なくご挨拶すると、「國分さん、存じ上げております」と返してくださった。本土でも関心は高まりつつあるのではないか。いや、もっと高めることができると言うべきだろう。

その後、車で大浦湾をぐるっと周り、瀬嵩《せだけ》に向かう。展望台があり、辺野古の海が一面見渡せる。なるほど、これがエメラルドグリーンの海である。海にとことん縁のない人生を送ってきた私は、この光景に感激しつつ、「グリーンの暗いところと明るいところがまだらになっているのはなぜですか?」と基本的な質問をする。浅井さんが「グリーンの明るいところが浅瀬ですよ」と教えてくれる。

瀬嵩の展望台から眺めた辺野古の海。写真中央の辺野古崎付近が埋め立て予定の海域である。

第三ゲートからの海の眺め

もちろん、この海は美しいだけではない。右手奥にはキャンプ・シュワブの軍事基地が見える。海では海上保安庁の巡視船が目を光らせ、作業船やスパット台船が不気味な存在感を醸し出している。そして何より、このエメラルドグリーンの海上を、赤いフロートのラインが走る。臨時制限区域を示すためのものであるという。

「あのあたりを埋め立てようとしているわけですよね……」。辺野古崎を指さしながら私が尋ねる。それにしても、この海に土砂を投入するという発想自体が理解できない。別に私は熱心な自然擁護派ではないけれども、そういう計画が構想されたこと自体が理解できない。これは辺野古の海をみた私の率直な感想である。

すぐ脇の浜に出た。ここ、瀬嵩の浜は、二月二一日に県民集会が行われた場所である。集会は、県選出・出身の野党国会議員や県議会与党

瀬嵩の展望台から眺めた辺野古の海。写真中央の辺野古崎付近が埋め立て予定の海域である

会派の主催で開催された。浜には三九〇〇人の人が集まった。翁長知事の代理として安慶田《あげだ》副知事も出席した（『琉球新報』二〇一五年三月二一日）。

海にとことん縁のない私は、今度は、浜の水際が砂以外のもので満たされていることに驚く。「ん？　この白い石みたいなものは何だ?!」。しゃがんでみると、なんとそれはサンゴではないか。「すごい！　キレイ！　なんでこんなにたくさんあるんですか！」と興奮する私の脇で浅井さんと平田さんは平然としている。なるほど、この地ではこれは当たり前のことなのだろう。サンゴは生き物であるから、新陳代謝を繰り返す。役割を終えたサンゴの部位が、こうして浜に流れ着いているのである。「子どもみたいにはしゃいでいる國分さんをはじめて見ましたよ！」と平田さんにからかわれる。

瀬嵩の浜で、打ち上げられたサンゴに興奮する筆者

＊

「さて、次はついにゲート前ですね」。昼食をとった後、浅井さんが言った。ゲート前の訪問は今日のハイライトである。

辺野古の報道でしばしば目にする「ゲート前」というのは、基地の脇を走る二車線の広い道路からキャンプ・シュワブの敷地内に入るためのゲート（門）の前のことを言う。もともと米軍が主要な入り口として使っていたゲートは、いまでは工事車両専用のゲートになっており、通称「旧ゲート」と呼ばれる。その代わりに新しく作られたのが「新ゲート」で、米軍車両は現在こちらを利用している。いわゆる「ゲート前」の抗議活動は、この新ゲートの前で行われている。その他に、「第二ゲート」、そして先に我々も訪れた、弾薬庫近くの「第三ゲート」

海兵隊員に向けた英文のメッセージ。抗議に参加する大学生が作ったもの

などがある。以下では「新ゲート」のことを「ゲート」と呼ぶことにする。

ゲートのすぐ前、すなわちゲートと道路の間には、警備会社アルソックの社員が三、四人、警備服を着て立っている。ゲート内部の少し離れたところに、機動隊員が五、六人ほど立っている。

昨年夏に辺野古の工事が着工された際、基地を守る機動隊員たちをアルソックの社員たちが守るという前代未聞の映像や写真が報道されて世間を驚かせた。状況は今も同じだった。一番外側を守っているのはアルソックの社員である。詳述はできないが、これは軍事の民営化と呼ばれる世界的な傾向の一事例として捉えるべきものである。日本でもいつの間にかそれが進んでいることが、辺野古の工事を通じて明らかになった。

さて、ゲートの向かい側、二車線の道を渡ったところに、青いビニールシートで作られたテントがある。ここが「テント村」と呼ばれる現在の運動の拠点だ。その日はちょうど午後二時から、シュプレヒコールをあげるなどの抗議行動が予定されていた。これは、「島ぐるみ会議」という組織のバスでゲート前を訪れた人たちの帰宅時間に合わせて設定されたもののようであった。

島ぐるみ会議とは、県知事選の際、翁長氏を応援するために作られた組織である。千円を払えば誰でもバスに乗ることができる。このバスを使って沖縄の各地から毎日たくさんの人がゲート前を訪れている。その日も百人以上の人たちがゲート前にいた。バスで来た人たちの中には高齢の方々も多い。子ども連れの父親もいる。日差しが強いので、シートで大きな屋根を作り、皆、その下に置かれた椅子に座っている。見事に設営されたイベント会場のようである。

見事なのは会場だけではなかった。ゲート前に到着した午後二時の時点で、私は、「シュプレヒコールをあげるなどの抗議行動が行われるらしい」ということしか知らず、これから何が起こるのかよく分かっていなかったのだが、その後の約二時間の抗議行動を見ながら、これが実に精妙に組み立てられたプログラムで実施されていることを理解することになる。

ゲート前で抗議行動の指揮をとっているのは、沖縄平和運動センターの山城博治《やましろひろじ》さんである。真っ黒に日焼けしたひろじさん（皆が「ひろじさん」と呼んでいるのでここでもこう表記させていただく）は、とにかくしゃべりがうまい。実に面白い。ここで行っている抗議行動はもちろん真剣だ。そして基地問題は実に深刻な問題である。しかし、ゲート前の抗議行動には笑いがある。ひろじさんも四時過ぎに抗議行動が終わった後、「楽しくやらないと続かないからね」とおっしゃっていた。

二時からのプログラム、まずはひろじさんの司会で、ここを訪れている人々からの報告やお話が続く。その日は、これまでの抗議活動の様子を捉えた写真を広く紹介する写真展の話があった。写真展「辺野古新基地に抗って」は、その後、四月五日から一二日まで、名護市立図書館地階ロビーで開催された。会期中は、海上での抗議活動を記録したドキュメンタリー映画『圧殺の海』（藤本幸久・影山あさ子共同監督）の上映も行われた。『圧殺の海』は各地で上映されている。機会があればぜひ見ていただきたい。

ゲート前、ユーモアにあふれる熱弁を振るう山城博治さん

さて、これら報告やお話の中で、私が何よりも感激したのは、地元企業「金秀」で働く三人の社員の方が、このゲート前を訪れて挨拶していったことである。実は金秀は、企業をあげ

ひろじさんと筆者

て辺野古の基地建設に反対しており、なんと経常利益の一％を反対運動に提供することを約束している。金秀は、沖縄を歩いていればあちこちで見かける「スーパーかねひで」の経営母体であり、その他、建設業も営む、従業員約五千人の大手企業である。三人の社員の方々は「研修」でここを訪れたという。一人ひとりが「研修でやって参りました」とマイクをもって話をしている。

私は本当に感動した。こんな光景は想像もしていなかった。そしてまた、基地問題が沖縄の住民にとってどれだけ切実な問題であるのかを改めて実感したようにも思った。企業として基地建設反対運動を応援しているのは、金秀だけではない。先に紹介した「島ぐるみ会議」の共同代表を務める平良《たいら》朝敬《ちょうけい》さんは、沖縄のホテル大手「かりゆしグループ」のＣＥＯである。

スーパー「かねひで」

食品大手の「沖縄ハム」（通称オキハム）も抗議活動を応援している。昨年の七月末には、オキハムの会長長濱徳松氏が「辺野古新基地建設絶対反対」と題する長文の意見広告を『琉球新報』と『沖縄タイムス』に掲載し、大きな話題となった。「オール沖縄」というスローガンの背景には、企業も堂々と反対運動に参加する、こうした雰囲気があるのだ。

　さて、金秀社員の方々の挨拶を感激しながら聞いていると、どういうわけだか、「えぇ、東京から哲学者の大学の先生がいらしております。國分功一郎さんです。ぜひ一言お願いします」とひろじさんからマイクを渡された。私もお話をさせていただくことになった。

　私は人前で挨拶することには慣れている。しかし、この時はとても緊張した。突然に本土から、物見遊山といわれても言い返せない仕方でこの運動を見学しにきた私に、生活に関わる問題として基地問題を抱えている住民の方々が、どう反応なさるのか、予想ができなかったからである。私は率直に、自分のこと、そして自分の思いを話すことにした。

自分は大学で哲学を講じている者であり、民主主義についても著書がある。また、東京の地元では道路建設を巡る住民投票運動に関わった経験がある。自分はいま、辺野古に来てみて、ここに日本の民主主義の先端部分があると感じている。かつて、マックス・ウェーバーという社会学者は、国家を暴力の独占装置として定義した。辺野古では、そのような国家の姿がまさしくむき出しの状態で現れているのではないか。選挙で何度も民意を表明しても、国家はそれを平然と無視する。そしてその無視に抗議する住民たちを、暴力で抑えつけようとする。国家は暴力の独占装置であるが、普段はその姿を現しはしない。暴力は常に潜在的な脅威に留まる。実際に暴力が現れるのは極限状態においてである。暴力が実際に行使されているとすれば、それはその現場が極限状態にあるからだ。その意味で、辺野古は極限状態にある。そして、この辺野古の闘いとは、そうした極限状態において民主主義を守ろうとする闘いであろう。その意味で、ここに日本の民主主義の先端部分がある。

私はそんな話をしながら、ついさっき見てきた辺野古の海を思い出しつつ、「あの海を埋め立てて基地を作るなどあり得ない」と口にしたのだが、その瞬間、どうにも内側からこみ上げる感情を抑えきれなくなってしまった。話を続けたいが、うまく続けられない。こうい

ゲート前でマイクを握る筆者

う状態を「声を詰まらせる」と言うのか……。もう今にも泣き出しそうだった。すると、目の前で話を聞いてくださっていた方々が、次々に、「がんばれ！」と声をかけてくださった。私は何とか声を取り戻すことができた。そしてその後、手短に話を終えた。

話をした直後、『沖縄タイムス』記者の知花徳和さんから取材を受けた。実は前日にも、同紙のインタビュー取材を受けていた（記事は四月一四日に紙面のウェブに公開された）。タイムスはゲート前に記者を常駐させている。紙面には、「今日の辺野古」というコーナーがあり、その日に起こったことが正確な時間とともに毎日報告されている。タイムスを読んでいる読者は、辺野古がどういう状況になっているかをイメージできるようになっている。『琉球新報』もまた「辺野古ドキュメント」という欄で、毎日、辺野古の状況を伝えている。時折、断片的に、人目に付きやすい事件を取り上げるだけの全国紙とは違う。

なお、私はその日にゲート前でマイクを握った何人もの方々のうちの一人に過ぎなかったのだが、タイムスは私の演説を写真付きで記事にしてくれた（「辺野古の現状「民主主義の最先端」／哲学者・國分さん訴え／極限状態「国の暴力性増す」」、『沖縄タイムス』、二〇一五年三月二九日）。

＊

マイクを使っての様々な報告や話が一通り行われると、何やら人々が立ち上がり、動き始めた。どうやら皆で道路を横断し、ゲート前に直接に座り込みにいくらしい。

さて、この後始まったゲート直前での抗議行動は、実に興味深いものであった。ここには、政治を考える上での理論的な問題が見出されるように思われる。当日の雰囲気をなるべく忠実に伝えられるよう努力したい。

道路を渡った後、何が始まるのか私にはすぐには分からなかった。だが、おもむろに人々が二列になり歩き始めた。人数は一三〇人ほどだろうか。二列になって歩行する人々は、約二〇メートルの長さのゲートの端の前から出発して、もう一方の端の前で折れ曲がり、歩道を行ったり来たりする。こうして、歩道上を行進する二列の人々の輪が出来上がった。

行進する人たちは、ひろじさんのかけ声でシュプレヒコールをあげる。アルソックの社員たちが「はい、これ以上は車道に出ないでくださいね」などと声をかける。実は、歩道とゲートの間にはオレンジのラインが引いてある。ここを越えるな、という意味で米軍が引いたラインである。行進は、このオレンジのラインと、歩道と車道との境界線の間でうまく輪を作っているわけだ。

タイムス記者の知花さんが行進を見ながら、「毎日、こうやってゲートの目の前で抗議運動を行って、緊張状態を作り出しているんです。いろいろと試しながら、この形になったみたいです」と説明してくださる。「緊張状態を作り出す」とは実に見事な表現であったことを私はこの後理解することになる。そしてまた、なぜ「この形になった」のかをも。だが私は、行進を見ている時点ではまだこの言葉の意味を十分には理解していなかった。

オレンジのラインが基地とその外側を隔てる

ゲート前に行進の輪ができる

抗議活動に対する監視

報告や話が行われていた時からずっと、ゲートの奥、一〇メートルほどのところで、数名の機動隊員がこちらを監視していた。行進が始まっても様子は変わらない。そのまま立ってこちらを眺めている。変化が起こったのは、行進が一五分ほど続けられた後、次の行動が始まった瞬間であった。

行進していた人々が、ゲート中央部前に集まり、歩道に座り込んだ。いわゆる座り込みによる抗議である。すると突然、奥の方に停めてあった（よく見かけるお馴染みの）機動隊のバス二台から、白いシャツにネクタイを締め、警察官の帽子をかぶった（私が数えた限りでは）二四人の機動隊員が、軽くジョギングをするような感じで走りながらゲートに向かってきた。また、それまで気づかなかったが、屋根にメガホンが取り付けられた機動隊の車両も、一台、ゲート

座り込みの開始。緊張が走る

内部の向かって右側に停車していた。

私は一瞬、何が起こっているのか分からなかったのだが、だんだん事態が飲み込めてきた。最初、皆が輪になって行進している時点では二四人の機動隊員は出動してこなかった。なぜか。どれだけ多くの人が輪になって行進していようとも、歩道を歩いているだけである以上、それは単なる歩行であるからだ。歩道だから歩行していいに決まっている。そこで何を訴えていようと、歩行者が歩行しているだけなのだから取り締まれない。だからひろじさんたちは、まず最初、輪になって歩行したのである。

ところが、座り込みになると違う。通行を遮断する「危険」な行為だという口実で、取り締まりの対象にできる。だから機動隊は、座り込みが始まった時点で出動したのである。機動隊の車両の屋根に取り付けられたメガホンから

座り込みの開始と同時に出動した機動隊員たち

は、（私には意外だったのだが）何ともハリのない声で、「こちらは名護警察署です。歩道に止まるのは危険な行為です。すぐに移動してください」という警告が機械的に反復されている。三〇秒に一回ほどの割合で、この警告文が淡々と読み上げられていた。「そこに止まるのは危険だから、すぐにどきなさい！」といった具合ではない。

　何が「危険」であるかは現場の判断に依存する。どこかの歩道に誰かが一人座り込んだ時点で「道路交通法違反だ」と言ってその人間を逮捕することも理論上は可能であろうし、やってやれないことはない。しかし、現場の判断は現場の雰囲気に強く依存する。たとえ取り締まる側に「取り締まりたい」という気持ちがあろうとも、それを許さない雰囲気が現場を支配していれば、当然、取り締まりは行われない。法の適用とはそのような曖昧さを抱えている。

大量の人間が、十分に正当な主張をもって集い、誰を傷つけるでもなく、ただ自分たちの思いを訴えている時、その主張を無視したり、弾圧しようとする側との間に緊張関係が生まれる。この緊張関係は、「よっぽどのことがなければ、度を超えた判断はできない」という圧力をもたらす。ひろじさんたちは、毎日繰り返される抗議行動によって、この緊張関係を巧みに作り上げている。そして、結局のところは恣意的であらざるを得ない法の適用に対し、実効的な影響力をもたらしている。

行進から座り込みへと抗議行動の様態が変化した瞬間、ひろじさんはしゃべり方を変化させた。それまでの「基地建設に反対するぞぉー」「我々は闘うぞぉー」といった感じのややノッペリとした口調をやめ、鋭い口調で矢継ぎ早に言葉を投げかけはじめた。

「抗議集会はすぐに終わります。いいですか、機動隊の皆さん、我々をここでどうかするのは国際社会の恥ですよ。いいですね、抗議集会はすぐに終わります」

「三〇日からは工事も取り消しになる。機動隊はもはや我々を取り締まる理由を持たない！」

「あなたたちも沖縄県民だろう。一緒に平和な沖縄を作っていこう。これまでのあなたたちに対する行きすぎた罵詈雑言は謝る！」

こんなぴりぴりとした緊張状態の中にも自然とユーモアを持ち込めるのは、ひろじさんの力量なのか、沖縄の雰囲気なのか。鋭い言葉の中に差し挟まれた「これまでの行きすぎた罵詈雑言は謝る！」の一言に私は爆笑してしまった。

機動隊は出動したものの、手出しはしてこない。もちろん、出動はこちらを威圧することが目的なのだが、傍目に見れば、今日のこの時点では、抗議行動の方が機動隊を威圧している。したがって、「歩道に止まるのは危険な行為です」とメガホンから音声を流すことはできても、排除はできない。実際、その日、抗議活動と無関係な歩行者はほとんどいなかったのであり、危険ではないのだから、取り締まりはできない。

目には見えない雰囲気が、抗議活動や取り締まりに、微妙だが、しかし決定的な影響を与えていることが、この場からひしひしと伝わってくる。それはこの座り込みによる抗議だけでなく、テント村の存在そのものにもかかわっている。抗議する人がたくさんいて、「工事を監視しているぞ」「テントが撤去されないようにずっと監視しているぞ」という雰囲気を作っておくと、機動隊はなかなかテントの方に来れない。たった二車線の道路を渡れない。

ここから、法の自由な適用可能性に関わる重要な認識を取り出すことができる。既に述べたように、法はそのままでは適用されず、適用には必ず判断が伴う。したがって、法の適用にあたっては、その判断の担い手こそが強い力を持つ。だがこれは、解釈の担い手が大きな圧力を受けていれば、無理な解釈を行って乱暴な取り締まりをすることはできなくなるということでもある。ならば、権力に抗議する者たちは、自分たちの身を守るためにこそ、相手を雰囲気で威圧する必要がでてくる。ベンヤミンが『暴力批判論』で示した論点は、暴力批判や権力批判に止まらない射程を備えている。それは抗議行動の積極的指針であり得る。そして辺野古では、それが既に実行されている。非暴力的な抗議活動、民衆の声、洗練された行動様式が、基地建設反対の強い訴えになるとともに、それを訴える者たちを守っているのだ。

もちろん、この戦略には危うさが伴うのであって、うまく行かないこともある。二月二二日、ゲート前で県民集会が開催されることになっていたこの日、ひろじさんと、同じく抗議活動をしていた男性が、午前九時頃、基地内より突然現れた米軍基地の警備員（通称「軍警」）によって拘束された。その後、二人は県警によって「無断で基地に立ち入ろうとした」との理由で逮捕、起訴されるが、二三日夜に釈放された。弁護団の三宅俊司弁護士によれば、結局、どこの裁判所が、何を根拠に、何の罪名で二人に逮捕状を出したのか、逮捕状の中身が確認できなかったという。三宅弁護士は、「県警は、米軍が身柄を拘束した者は、逮捕せざるを得ないと思っているのでは」と語っている（IWJ Independent Web Journal のインタビューより）。結局、逮捕の根拠はうやむやのまま事件は幕引きにされてしまった。

軍警を務めるのは、米軍に雇われた地元住民である。故に、普段は基地の外から見られて

全身黒ずくめで正体を隠す軍警

も誰だか分からないように、全身黒づくめの服装に身を包み、帽子、黒や白のマスク、フード、サングラスなどで頭部を覆っている。ここではこの事件の細かい検証はできない。だが、抗議活動に手をこまねいている沖縄県警に苛立った米軍が、軍警を使って無理矢理に運動のリーダーを拘束したというのが実情のようだ。県警は、そのような米軍の動きに対応せざるを得ないが、明確な逮捕理由なども見つからず、曖昧なままに幕引きせざるを得なかった。三宅弁護士も指摘するように、どうやら沖縄県警も戸惑ったのだ。

県警についてはこんな話も聞いた。抗議活動を取り締まる中、抗議活動をする人々に「下がってください、下がってください」と語りかけながら、ボロボロ涙を流している若い機動隊員がたくさんいる。基地建設に反対するためにゲート前にきたおじいやおばあに、「あんたたちも沖縄県民じゃろ、こんなことをしていていいと思っとるのか、おじいやおばあを大切にしろと教わらなかったのか」と語りかけられ、泣き出す機動隊員もいる。当たり前だ。だが、そうした若い隊員たちはすぐに配置転換されるのだという。

その日の朝も、一人のおじいが、ゆっくり、堂々とゲートの中に入っていき、機動隊員たちと話をしてきたらしい。最後におじいが「握手しよう」と言うと、機動隊員は「ここではできません」と返したという。浅井さんが言った。「ここではできない、と言ってくれたのがよかったなと思うんです。心はこちらと一緒なわけだから」。

＊

先ほど、ひろじさんの「三〇日からは工事も取り消しになる」との言葉を紹介した。ここで言及されているのは、ちょうどその直前に始まった、翁長知事と日本国政府との、行政手続きを使った攻防である。県知事就任後、しばらく動きが見えなかった翁長知事だったが、それは満を持しての行動への準備期間だった。三月二三日、翁長知事はついに工事取り消しに向けた動きを開始した。ボーリング調査が、県の許可した範囲を大きく逸脱した箇所で行われており、また、当初は想定されていなかった巨大なコンクリート塊によってサンゴが破壊されているとの理由で、一週間以内の作業中止を沖縄防衛局に命じたのである。ひろじさんの言う「三〇日」とは、その期限のことである。

ところが沖縄防衛局は、翁長氏の指示の出された翌日の二四日、すかさず、行政不服審査法に基づいて、指示の執行停止を求める申立書を林芳正農水相に提出した。この手続きには、専門家から次々と疑問の声があがった。行政不服審査法に基づく審査請求というのは、国民が自らの権利を守るために行政機関を相手に申し立てるものだからである。成蹊大学法科大学院教授の武田真一郎氏は「今回の国と県の関係は、通常の埋め立てのように国民と行政庁という関係ではなく、行政機関相互の関係と言える。そうすると、個人の権利を保護する制度としての取り消し訴訟や審査請求を国がすることはできない」と指摘している（『琉球新報』二〇一五年三月二八日）。

これに対抗する形で、翁長氏は三日間かけてこの沖縄防衛局の申し立てに対する意見書を作成し、これを二七日、水産庁に提出した。私が辺野古を訪れた日の前日、ちょうど沖縄入りした日である。

ゲート前の座り込みが終わり、皆で再び道路を渡ってテント村の側に戻った午後四時前、タイムス記者の知花さんから速報として伝えられたのは、林農水相が、翁長氏による新基地建設作業停止の指示を「一時的に無効とする」との意向を固めたというニュースだった。翁長氏の陣営は「国の対応は想定内」と述べている。しかし、県の真っ当な指示を、法律上あり得ない手続きで押さえ込もうとした側に、「一時的」などという枕詞をつけて理を認めるとはどういうことなのだろうか。もちろん、予想できたことだ。しかし、これは法律が支配していいる国で起こってよいことなのか。

＊

新ゲートは米軍車両用であるから、当然、抗議活動中も米軍の車両が入る。私が見ていた間にも、若い海兵隊員たちを乗せたバス（修学旅行で使うようなタイプのそれ）が基地に入っていった。その時にバスからこちらを何とも言えない複雑な表情で眺めていた若者の目が忘れられない。彼はどうして祖国を遠く離れて、この沖縄の基地に来たのだろうか。それは彼が望んだことだったのだろうか。軍の仕事をするために、はるか極東の島国までやってきた。そうしたら、自分たちが勤める基地の前では、その国の国民たちが抗議運動を行っている。そのことを彼はどう思っているだろうか。

「経済徴兵」という言葉がある。国からの命令によって強制的に軍に入隊させる古典的な徴兵制度がもはや機能しなくなった今日において採用されている新しいタイプのリクルート方法である。やり方は簡単だ。社会内の経済格差を広げるような経済政策を採用する。すると失業者や潜在的失業者が町にあふれる。その失業者たちに向かって、「軍に入ると奨学金がもらえるぞ」「大学にいけるぞ」「年金なんかのサービスもきちんと受けられるようになるぞ」と宣伝する。彼らは「自主的」に入隊する。今や、兵士を確保するのに国家的強制力など必要ない。経済的必然性があれば十分なのだ。

大学進学のための奨学金を受ける権利は確かに手に入れられる。だが、その権利を行使するためには厳しい条件が課されており、実際に大学に進学できるのはこうしてリクルートされた若者たちのうちのほんの僅かに過ぎない。こうして「自発的」に入隊した若者たちが、劣化ウラン弾の飛び交う戦場の最前線に送られる……といった事態が実際に起こっている（この手法については、次の書物に詳しい。堤未果『ルポ 貧困大国アメリカ』岩波新書）。もちろん、入隊する若者のすべてがこうした悲惨な事例に該当するわけではなかろう。しかし、少なからぬ数の若者がそうして軍隊に入ってきていることは確かなことである。

基地建設に断固として反対する沖縄の人々。それを取り締まりながら泣いている若い機動隊員。抗議と取り締まりを複雑な表情で眺めている若い海兵隊員。いったいこの基地は誰を幸せにするのだろうか。日本が莫大な費用を負担して作ろうとしているこの外国軍の基地は、いったい何のためのものなのだろうか。辺野古に対する私の直感は更なる問いかけを生んでいった。

『ａｔプラス』二四号、二〇一五年五月

初出一覧

I

パリのデモから……『熱風』二〇一二年二号、スタジオジブリ出版部
党内運営の諸問題……「ハフィントンポスト」二〇一三年七月二四日
いまメディアに求めるもの……『坂本龍一×東京新聞 脱原発とメディアを考える』東京新聞出版局
亡命はなぜ難しいのか？……「ポリタス」【総選挙２０１４】二〇一四年一二月九日
権力のダイエット……『いつでも元気』二〇一五年四月号、全日本民医連
なぜ考えることが必要か……『暮しの手帖』二〇一五年八-九月号、暮しの手帖社

II

知性の最高の状態……ブログ「Philosophy Sells...But Who's Buying?」二〇一一年七月一三日
生存の外部……『ＴＡＳＣマンスリー』二〇一二年八月号、公益財団法人たばこ総合研究センター
インフォ・プア・フード／インフォ・リッチ・フード……『ユリイカ』二〇一一年九月号、青土社
書評　二〇一〇-二〇一三
　東浩紀『一般意志2・0』……『文學界』二〇一二年二月号、文藝春秋
　斎藤環『原発依存の精神構造』……『波』二〇一二年九月号、新潮社

水口剛『責任ある投資』……『母の友』二〇一三年一〇月号、福音館
佐々木中『切りとれ、あの祈る手を』……『文學界』二〇一一年一月号、文藝春秋
中沢新一『野生の科学』……共同通信二〇一二年九月配信記事
柄谷行人『哲学の起源』……『母の友』二〇一三年四月号、福音館
千葉雅也『動きすぎてはいけない』……日本経済新聞朝刊二〇一三年一一月一七日付
石原孝二編『当事者研究の研究』……『母の友』二〇一三年六月号、福音館
杉山春『ルポ虐待』……『母の友』二〇一三年一二月号、福音館
ブックガイド二〇一四年の日本を生き延びるための三〇タイトル……タンブラー「MATINÉE PHILOSOPHIQUE」二〇一四年

Ⅲ

民主主義にはバグがある……「ジレンマ＋」二〇一三年一〇月
変革の可能性としての市民政治……『ａｔプラス』一七号、太田出版
教員は働きたいのであって、働くフリをしたいのではない……『現代思想』二〇一四年一〇月号、青土社

Ⅳ

辺野古を直感するために……『ａｔプラス』二一四号、太田出版

著者について

國分功一郎（こくぶん・こういちろう）
1974年、千葉県生まれ。東京大学大学院総合文化研究科博士課程修了。博士（学術）。高崎経済大学経済学部准教授。専攻は哲学。著書に『スピノザの方法』（みすず書房）、『ドゥルーズの哲学原理』（岩波書店）、『来るべき民主主義——小平市都道328号線と近代政治哲学の諸問題』（幻冬舎新書）、『統治新論——民主主義のマネジメント』（大竹弘二との共著、太田出版）、『近代政治哲学——自然・主権・行政』（ちくま新書）、『暇と退屈の倫理学 増補新版』（太田出版）など、訳書に『マルクスと息子たち』（デリダ、岩波書店）、『カントの批判哲学』（ドゥルーズ、ちくま学芸文庫）、『ジル・ドゥルーズの「アベセデール」』（DVDブック、KADOKAWA）などがある。

犀の教室
Liberal Arts Lab

民主主義《みんしゅしゅぎ》を直感《ちょっかん》するために

2016年5月5日　初版

著　者　國分功一郎

発行者　株式会社晶文社
東京都千代田区神田神保町1-11
電　話　03-3518-4940（代表）・4942（編集）
URL　http://www.shobunsha.co.jp

印刷・製本　中央精版印刷株式会社

ISBN978-4-7949-6823-4 Printed in Japan